KB220500

그림책 읽는 나는,
특수학교 교사입니다

그림책 읽는 나는,
특수학교 교사입니다 ✳

공진하 지음

한울림스페셜

이 책은 그림책 소개서도, 일상의 기록도 아니다. 한 사람
이 그림책을 좋아하고 어린이를 좋아하는 마음으로, 장애
어린이를 가르치는 선생님의 마음으로 솔직하게 써내려간
성장기이다. 공진하는 내가 존경하는 친구답게, 자신만 쓸
수 있는 이야기를 과장하지 않고 담백하게 담아냈다. 그리
고 내가 사랑하는 동화작가답게, 그림책과 인간의 만남을
한 편 한 편 소중한 '이야기'로 엮어냈다. 이 책을 읽으니 내
가 보았던 그림책을 다시 보게 되고, 내가 모르고 지나간 순
간들을 다시 생각하게 된다. 그림책 에세이에서 이것 말고
더 바랄 것이 있을까?

김소영(《어린이라는 세계》 저자)

우리에게는 다름에 대한 공부와 이웃에 대한 공부가 필요하다. 이 공부에는 졸업이 없다. 이 책은 한 권의 배움이 가득한 학교이다. 우리 곁에 있었지만 보이지 않았던 교실, 서로 보듬고 자라고 있었던 어린이들, 그들이 선생님과 읽었던 그림책에 대한 이야기가 한 줄 한 줄 우리를 환영하는 사랑의 학교다. 이 책을 만나면서 우리는 다시 새로운 마음가짐으로 학생이 된다. 책에 실린 그림책은 이미 잘 아는 작품들이었지만 완전히 다시 읽는 것 같은 기분이 들었다. 노력해야 하는 것은 이 충만한 교실을 바라보지 않았던 세상이며 우리들이다. 현실은 아직 너무 부족하고 부끄럽다. 그래서 더욱 이 책이 소중하다.

김지은(서울예술대학교 문예학부 교수, 아동문학평론가)

지체장애 특수학교에서 30년 넘게 아이들을 만나온 저자가 좋아하는 그림책을 씨실로, 학교생활 이야기를 날실로 엮은 특별한 교직 에세이다. 개인별 휠체어가 없던 시절, 구르고 기어서 기쁜 표정으로 교실에 들어서는 학생들, '방학이니까 내일부터는 학교에 오지 않습니다'라는 말에 닭똥 같은 눈물을 흘리는 아이.《크리스마스 선물》의 산타할아버지 같은 마음으로 순회교육을 나서는 교사. 학교를 이토록 사랑하는 아이들과 선생님 이야기를 읽다 보면 가슴이 몽글몽글해진다. "장애가 너무 심해서 우리 학교에서 가르칠 수 없겠습니다."라는 말을 하지 않는 특수학교는 또 다른 의미의 '단 한 명도 포기하지 않는 교육'을 실현하는 현장이다. 잘 보이지 않는 그곳의 이야기를 담담하게, 당차게 들려준 선생님께 감사하다. 이 보석 같은 책이 더 많은 사람들의 가슴에서 반짝이길 바란다.

김혜온(동화작가, 특수교사)

겹눈을 가진 사람들을 사랑한다. 그런 사람들은 당장 눈에 띄는 것만을 전부로 여기지 않고 언제나 하나 이상의 무엇이 있음을 감지하고 섬세하게, 자세하게, 특별하게 바라볼 줄 안다. 공진하 선생님의 시선이 그렇다. 그림책을 사랑하는 독자로, 어린이의 눈높이를 맞춰줄 수 있는 어른으로, 어린이책 작가로, 그리고 무엇보다 특수학교 교사로 우리가 놓쳤던, 우리가 미처 알지 못했던 세상을 바라보게 한다. 책을 읽는 동안 장애를 가진 어린이와 함께 해야 한다고 구호로만 외쳤던 나의 무심함이 부끄러웠다. 하지만 그의 겹눈 덕분에 그림책과 세상을 읽는 또 하나의 섬세한 눈을 얻은 것은 기쁜 일이다. 세상이 아무리 절망스럽더라도 어린이가 있기에 사랑하는 것을 멈추지 않겠다는 단단한 마음까지도 품을 수 있었다. 더없이 고맙고 미더운 시선이다.

이유진 (초등교사)

'대추 한 알'로 이야기를 만들어낼 줄 아는 이야기꾼이자 대추 한 알로 일주일 수업은 거뜬히 해낼 수 있는 30년 차 특수교사의 이야기이다. 책에 소개된 그림책을 찾아보는 재미 또한 쏠쏠하다.

　술술 재미있게 잘 읽히는데 빨리 넘어가지 않는다. 책 속의 문장들이 과거의 나와 내가 만난 아이들과 양육자들을 떠올리게 한다. 그림책에 대한 이야기를 재미있게 따라가고 있었는데 어느 순간 아직 풀지 못한 우리 사회의 숙제에 대해 작가가 던지는 묵직한 질문과 마주하게 된다. '체험'으로 머물지 않고 '삶'이 되었으면 하는 30년 차 특수교사의 바람을 담은 사유가 책의 곳곳에 숨어서 우리에게 손짓한다. 단단한 근육을 가진 사회를 함께 만들어보자고 말이다.

이종필(특수교사)

내가 좋아하는 두 가지

처음 교실에서 어린이들과 그림책을 보게 된 건 도서벽지 지역 학교에 어린이추천도서를 보내준다는 어린이도서연구회의 신문 광고 덕분이었습니다. 우리 반 어린이들에게도 책을 읽어주고 싶어서 구구절절 사연을 써서 보냈고 얼마 뒤 어린이 책이 가득 담긴 상자를 받았습니다. 교실 책꽂이를 차지했던 한 상자의 책은 해마다 조금씩 불어나서 지금은 수십 상자가 되었습니다.

오랜 교직 생활에서 그 그림책들은 저에게 큰 도움이 되었습니다. 좋은 수업 자료가 되어주기도 했지만 그보다는 그림책을 보면서 어린이들을 더 좋아하게 되었습니다. 거꾸로 어린이들과 함께 지내면서 그림책을 더 좋아하게 된 것도 같습니다.

처음 장애와 어린이, 그리고 그림책으로 이야기를 해보자는 출판사의 제안을 듣고 겁도 없이 덥석 하겠다고 나선 것도 제가 가장 좋아하는 두 가지 이야기였기 때문입니다.

그림책 《아나톨의 작은 냄비》 이자벨 카리에 지음. 권지현 옮김. 씨드북. 2014에는 어느 날 갑자기 머리 위로 떨어진 냄비 때문에 어려움을 겪는 아나톨이 나옵니다. 거추장스러운 냄비 때문에 평범한 아이로 살아가기 어려운 아나톨은 제가 만나는 어린이들을 떠올리게 합니다. 다행히 아나톨의 어려움을 알아채고 도와주는 어른이 나타나는데 그 사람도 아나톨처럼 작은 냄비 하나를 가지고 살아갑니다. 꽃무늬 원피스를 입은 그 사람을 보고 저는 특수교사를 떠올렸습니다. 저로 말할 것 같으면 꽃무늬도 원피스도 좋아하지 않는 사람이지만요.

제가 가진 자격증의 명칭은 '특수학교(급) 1급 정교사(초등)'입니다. 보통 특수교사라고 얘기하지만 저는 제 직업을 특수학교 교사라고 소개합니다. 만나는 어린이는 비슷하지만 하는 일이 서로 너무 다르기 때문입니다. 특수학급에서는 통합교육이라는 교육목표를 분명하게 두고 그 과정을 함께 경험하며 배워가지만 특수학교는 그렇지 못합니다. 애초에 분리된 환경에서 배움을 이어가고 있으니 통합교육이라는 교육의 본질적 목표를 떠올리기도 쉽지 않습니다.

저는 오래전부터 특수학교 교사는 사라지는 편이 더 좋은 직업이라고 생각해왔습니다. 그래서 늘 마음 한 편이 무겁습니다. 그런데 언젠가 장애와 관련한 대중 강연에 갔다가 시설을 나와 지역사회에서 씩씩하게 살아가는 옛 제자를 만났습니다. 제가 가르쳤던 그 꼬맹이가 마흔의 중년이 되었다니 기쁘고 반가운 마음이 드는 한편으로, 특수학교 교사라는 제 자리에서 할 수 있는 일을 생각해보게 되었습니다.

장애를 가진 어린이든, 그 어린이와 함께하는 양육자든 누구라도 세상 속으로 용감하게 나가보려고 할 때 좋은 생각이라고, 내가 도울 테니 함께 노력해보자고 응원해주는 마지막 한 사람이 되어야겠다고 생각합니다. 어떤 어린이들에게는 그것이 방문 밖으로 나오는 일일 수도 있을 겁니다. 그게 무엇이든 한번 해볼까, 하는 마음이 한번 해보자!가 될 수 있으면 좋겠습니다.

꽃무늬 원피스를 입은 사람은 아나톨에게 냄비를 다룰 수 있는 여러 가지 방법을 알려주고 냄비를 넣을 수 있는 가방도 만들어줍니다. 그 사람도 냄비를 작은 주머니에 넣고 다니거든요. 생각해보니 저에게는 그림책과 어린이문학이 냄비를 담는 주머니 역할을 해주었습니다. 또 그동안 제가 만났던 어린이들이 제가 더 좋은 사람이 될 수 있게 도와주었습니다.

이 책을 준비하는 동안 온 나라의 관심이 특수교육에 집중되었던 때가 있었습니다. 잘 알지도 못하면서 이렇게 저렇게 비난만 하는 누군가의 목소리에 상처 입은 사람들도 많았습니다. 혼란스러운 시간을 보내면서 저는 이 책을 준비해야 했습니다. 어린이들을 생각하면서 그림책을 다시 펼쳐보고, 또 그림책을 떠올리면서 어린이들을 만나기를 되풀이하며 큰 위로와 힘을 얻었습니다.

이 책을 읽는 분들도 그럴 수 있으면 좋겠습니다.

2024년 4월

차례

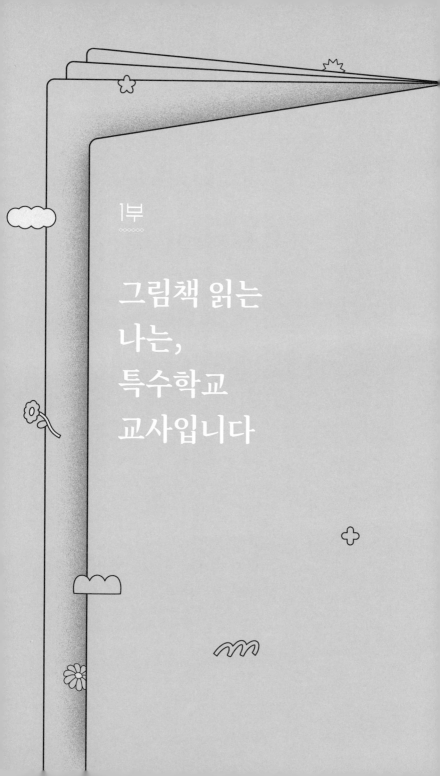

1부

그림책 읽는
나는,
특수학교
교사입니다

있는 그대로,
아름다움

환경과 평화를 사랑하는 작가로 널리 알려진 다시마 세이조의 작품들 중에서도 내가 가장 좋아하는 그림책은 《뛰어라 메뚜기》다시마 세이조 지음, 정근 옮김, 보림, 1996다. 읽을 때마다 '자기 날개로, 자기가 가고 싶은 곳으로' 날아가는 모습에 두근거리는 감동을 느끼기 때문이다.

표지에는 오른쪽을 바라보며 잠자코 몸을 웅크린 메뚜기 한 마리가 보인다. 매끄럽게 코팅한 종이 위에 잘 스며들지 않는 아크릴 물감을 써서 그림을 그려놓은 듯하다.

왜 서로 밀어내는 듯한 재료들을 사용했을까. 다시마 세이조가 살아온 삶의 이력을 드러내는 것 같기도 하다. 젊은 시절의 다시마 세이조는 상품을 홍보하는 디자이너가 되었지만 큰돈을 벌기를 바라는 제작사의 심기를 맞출 수 없었다고 한다. 그래서 그림책 작가가 되기로 마음먹었고, 지금은 폐교가 있는 시골마을에서 살고 있다. 현대문명에 어울리는 사람은 아니었던 모양이다.

조그마한 수풀 속에 숨어 사는 메뚜기와 이 메뚜기를 잡아먹으려고 노려보는 무서운 녀석들은 작가의 경험에서 나온 이야기일 테지만 '나도 그래!' 하며 고개를 끄덕이는 사람들이 많을 것이다. 누구라도 정도의 차이는 있겠지만 그렇게 약하고 작아서 숨고만 싶었던 어린 시절의 기억 한 토막쯤은 가지고 있을 테니 말이다.

늘 숨어만 지내던 메뚜기는 어느 날 커다란 바위 꼭대기로 나와 대담하게 햇볕을 쬐기 시작한다. 그리고 자기를 잡아먹으려고 덤벼드는 뱀과 사마귀 사이로 펄쩍 뛰어오른다. 속이 후련해지고 통쾌하다.

메뚜기가 뛰어오르는 모습에서 문득 누군가의 구르고 기던 모습이, 꽁꽁 숨겨두었던 자신의 모습을 세상에 드러내며 용감하게 세상으로 나아가던 사람들의 모습이 떠올랐다.

대학 졸업을 앞두고 첫 학교에 원서를 내러 갔을 때의 일이다. 읍내에서도 차를 타고 20분 이상 들어가야 하는 곳이었는데 가는 길에는 온통 논과 밭, 그리고 작은 가구 공장들만 보였다. 왠지 끌려가는 것 같다고 생각하며 학교에 들어섰는데 마침 학예회를 하는 날이어서 잠시 공연을 볼 수 있었다.

내가 원서를 내려던 곳은 장애아동 요양시설 내에 파견학급을 설치해서 학생들을 가르치는 곳이었다. 30여 년 전에는 일반 휠체어 보급도 제대로 되지 않아서 시설에서 지내는 학생들은 대부분 자기 휠체어가 따로 없었다. 그래서 전교생이 한자리에 모여야 할 때는 바닥에 앉아 있거나 엎드려 있었고 맨바닥에 누워 있는 학생들도 있었다. 그런 몸으로 학생들은 춤을 추고 합주를 했다. 작은 바퀴가 달린 네모난 나무틀에 앉아서 발로 바닥을 밀어 이리저리 대형을 만들어가며 춤을 추었고, 발가락 사이에 핸드벨을 끼워서 연주를 했다. 엎드려서 턱으로 탬버린을 치는 학생도 있었다. 한 줄로 나란히 서서 리듬악기를 연주하는 모습만 보아온 나로서는 한 번도 상상해보지 못한 놀라운 광경이었다. 눕거나 앉아서 자신감 넘치는 표정으로 진지하게 연주하는 모습들을 보면서 정말 멋지다고 생각했다. 구석진 곳에 끌려오는 것 같다는 마음은 사라지고 어느새 이 학생들의 선생님이 되고 싶은 마음이 간절해졌다.

운동회 풍경도 학예회와 비슷했는데 잔디밭에 매트를 길게 깔아놓고 기거나 굴러서 누가 더 빨리 오는지 겨루었다. 움직이는 방향도 방식도 제각각이었지만 모두 제가 할 수 있는 최선을 다해 목적지까지 이동했다. 그 학생들 사이에 있다 보면 두 다리로 걸어 다니는 내 모습이 어색하게 느껴지기도 했다. 그래서 아주 잠깐 학생들과 함께 팔꿈치로 바닥을 기어보았는데 생각보다 팔꿈치가 많이 아파서 깜짝 놀랐다. 그동안 학생들은 얼마나 애를 써서 움직이고 있었던 걸까 실감했다.

학교를 옮기고 나서도 그런 운동회를 해보고 싶었지만 불가능했다. 집에서 등하교하는 학생들은 모두 개인 휠체어를 가지고 다녔고, 학교에서는 굳이 바닥에 내려올 일이 없었다. 보호자나 동료교사들도 학생들을 바닥에서 구르게 하는 건 좋은 생각이 아니라고 했다. 바른 자세를 위해서 교육적이지 않다는 의견도 있었다. 치료실에서처럼 자세를 잡아주고 이동하는 것이 아니라면 오히려 학생의 부적절한 움직임을 부추기게 될 거라고 했다. 휠체어에 앉아 있는 학생과 눈높이를 맞추며 가르치는 일이 일상이 되면서 뇌병변 장애를 가진 몸들에 대한 강렬했던 첫인상도 조금씩 희미해졌다.

다른 몸에 대한 강렬한 인상을 다시 떠올린 건 장애여성공감의 〈춤추는 허리〉 공연을 보고 나서였다. 어느 여성단체 창립기념 행사의 축하공연이었다. 다양한 장애를 가진 사람들이 무대 위로 올라왔고 공연이 시작되자 무대 한가운데에서 배우 한 명이 천천히 휠체어에서 내려와 바닥을 기어갔다. 유연함과는 거리가 있는 뻣뻣하고 삐그덕거리는 움직임이었지만 배우의 몸짓은 강렬하고 아름다웠다. 메뚜기가 뛰어오르는 바람에 엉망이 되어버린 거미와 거미줄처럼, 그동안 내 안에 단단하게 자리 잡았던 고정관념이 깨지는 것 같았다. 자신의 장애와 몸을 당당하게 드러내고 자신만의 날갯짓을 보여주듯 움직이는 모습이 얼마나 아름다운지 알게 되었기 때문이다.

하지만 고정관념이란 단단하게 자리 잡은 것이어서 쉽게 달라지지 않는다. 나는 여전히 여행을 가면 귀찮더라도 학생들을 휠체어에서 내려오게 한 다음 사진을 찍으려고 한다. 가능하다면 벽이나 나무, 아니면 내 몸에 기대서라도 휠체어와 떨어진 모습으로 사진을 남겨주려고 한다. 검고 투박한 휠체어와 안전벨트가 답답해보여서, 라고 하지만 내 무의식에 학생의 장애가 덜 드러나는 모습이 아름답다는 생각이 있기 때문일 것이다.

어느 해인가 한 학생의 졸업앨범에 들어갈 사진을 고르고 있는데 보호자가 평소 학생의 표정과는 조금 다른 사진 한 장을 꼽았다. 좀 뚱한 표정이어서 활짝 웃고 있는 다른 사진이 더 낫지 않을까 생각했는데 보호자는 무뚝뚝해 보이는 그 사진이 더 '멀쩡해 보여서' 좋다고 했다. 나중에 앨범이 나오고 사진을 다시 보았는데 내 눈에는 다른 어린이인 듯 보여서 영 어색했다. '멀쩡해진다'는 건 다른 사람이 되는 일이구나, 생각했다.

그림책을 보면서 메뚜기를 닮은 우리 반 어린이들에게 무엇을 가르치려고 애써왔는지 되돌아본다. 낯선 세상에서 무서워서 벌벌 떨고 있는 메뚜기에게 이 숲에서 살아남으려면, 뱀과 두꺼비에게 맞서려면 어떤 기술을 익혀야 하는지 가르치려고 애써온 건 아니었을까. 가끔은 "너도 날개가 있지 않니?" 물어보기도 했겠지만 메뚜기로 살아가는 법을 가르치는 대신 뱀과 두꺼비처럼 보이는 법을 더 열심히 가르치려고 했던 건 아닐까 싶다.

장애를 이해하거나 받아들인다는 것은 ○, ×판을 뒤집는 것처럼 둘 중 하나를 단순하게 선택하는 것도, 커다란 독에 물을 채우는 것처럼 그 끝이 있는 것도 아니다. 그러니 기회가 있을 때마다 '아!' 하며 미처 알아채지 못했던 내 안의 고정관념들을 하나씩 찾아낼 수 있기를 바랄 뿐이다.

내가 만나는 어린이들의 모습을 떠올리며 다시 그림책을 펼쳐본다. 마침내 메뚜기가 자기에게 있던 네 장의 날개를 활짝 펴고 날아가는 모습을 가만히 바라본다. 메뚜기의 배와 여섯 개의 다리가 그대로 드러나는 그림이다.

흔히 하늘을 나는 새를 그릴 때는 위에서, 아니면 옆에서 바라본 모습을 그리는 경우가 많다. 누구나 부드러운 곡선으로 뻗은 몸통과 날개를 보고 싶어 하고 또 더 아름답다고 여기기 때문일 것이다. 꼭 새만 그런 것은 아니다. 사람도 부끄러워할 때는 몸을 움츠리면서 두 팔로 가슴을 가린다. 반대로 자신감을 드러낼 때는 가슴을 앞으로 향한다. 두 팔로 내 몸을 가리는 일은 하지 않는다.

내가 처음 본 학예회 공연이나 〈춤추는 허리〉에서 느낀 감동은 무대 위의 몸이 장애를 극복했기 때문이 아니라 있는 그대로의 자신을 드러내며 자신만의 날개를 활짝 펴고 있었기 때문일 것이다.

다시마 세이조는 《그림속 나의 마을》다시마 세이조 지음, 황진희 옮김, 책담, 2022이라는 책에서 메뚜기 이야기를 소개했다. 어린 시절 아픈 몸을 이끌고 무더위 속을 걸어가던 어느 날, 힘이 빠져서 더 이상 한 발도 내디딜 수 없을 때 세이조 앞에 메뚜기가 나타났다. 팔짝 뛰어가는 메뚜기가 "세이조, 기운 내서 여기까지 와!" 하고 말하는 것 같았고, 덕분에 작가는 앞으로 나아갈 힘을 얻었다고 한다.

아파서 무거운 몸을 힘들게 끌고 가는 어린이와 그 앞에서 펄쩍펄쩍 뛰어가는 메뚜기 한 마리를 상상해본다. 자신만의 날개로 뛰어가는 메뚜기의 응원은 어린 세이조가 스스로 건네는 응원이기도 했을 것이다. 아프고 외롭고 놀림당하는 세이조였지만, 그래도 자신 있게 세상으로 뛰어오르는 일을 멈추지 않겠다는 다짐을 가슴속에 품고 있었던 것이라고 생각해본다.

많은 사람들이 이제는 장애를 의료적 관점이 아니라 사회적 관점으로 바라보아야 한다고 말한다. 오랫동안 적어도 특수교육은 사회적 관점에서 학생들을 바라본다고 생각했다. 의료적 처치와 교육은 다르다고 생각했기 때문이다. 하지만 여전히 특수교육 전공과목 개론서를 펼쳐보면 장애의 정의, 원인, 출현률, 특성과 치료 및 예후 등이 책의 앞자리를 차지한다. 나도 학부 시절에 그런 책으로 공부를 했다. 말로는 학교와 병원이 다르다고 했지만 밑바닥부터 의료적 관점을 탄탄하게 다지고 있었던 셈이다.

우리가 함께 살아가는 세상은 그림책 속 세상처럼 그렇게 단순하지 않다. 그래서 그동안 내가 해온 학생의 의료적이고 개인적인 특성을 우선적으로 고려한 교육이 의미없는 일이었다고 생각하지는 않는다. 다만 '자기 날개로, 자기가 가고 싶은 곳으로' 날아가는 메뚜기의 아름다움을 모르고 있다면 그건 절대 안 될 일이다. 장애를 가진 어린이와 함께하는 사람들이라면 있는 그대로의 모습이 가진 아름다움을 먼저 찾아냈으면 좋겠다.

마라톤 꼴찌는
생각이 많다

나는 달리기를 좋아한다, 라고 쓰자니 몹시 쑥스럽지만 그래도 나는 달리기를 좋아한다. 처음부터 좋아한 건 아니었다. 초등학교와 중학교 시절을 같이 보낸 친구는 나를 일컬어 '절대로 뛰지 않는 아이'라고 했다. 심지어 체육시간에도 뛰지 않았다고 했다. 그럴 리가 없다고 고개를 저었지만 곰곰 생각해보니 다른 사람들 눈에는 내가 뛰는 게 달리는 것처럼 보이지 않았을 것이다.

사실은 지금도 절대로 뛰는 것처럼 보이지 않게 달린다.

심지어 달리기를 마치고 나서도 숨을 몰아쉬거나 하지 않는다. 심폐기능이 뛰어나서가 아니라 그냥 느리게 달려서 그렇다. '달리기를 좋아한다'가 '잘 달린다'는 뜻은 아닌데 아무려면 어떤가. 아무튼 나는 달리기를 좋아한다.

처음 달리기를 시작했을 땐 이걸 권한 사람을 원망했다. 오르막길에서는 욕을 한바가지 퍼부었다. 하지만 막상 도착지점에 오니 후련하고 뿌듯한 게 아닌가. 그 뒤로는 누가 시키지 않아도 달리기를 하고 가끔 마라톤대회에도 나가는 사람이 되었다. 이 정도면 달리기를 좋아한다고 말해도 되지 않을까.

달리기에 한참 빠져 있을 때 마라톤대회에서 하프 코스를 완주한 적이 있다. 어린 시절의 나를 아는 모든 지인들은 이것이야말로 기적이라고 입을 모았다. 처음 하프 코스를 완주한 날은 여러모로 기억에 남는다. 무엇보다 태어나서 처음으로 달리기로 상을 받은 날이기 때문이다. 나는 여자 40대 하프 부문 3위로 쌀 10킬로그램을 받았다. 하프 코스에 신청한 40대 여성이 세 명뿐이었다는 사정이 있긴

했지만 어쨌거나 완주는 해야 상을 받을 수 있었다.

마지막에는 거의 걷다시피 들어왔는데 내 뒤로 구급차와 트럭, 진행요원들이 따라왔다. 진행요원들은 조금만 더 힘을 내라고 응원하는 동시에 빨간색 콘을 하나씩 트럭에 싣고 있었다. 어서 대회장 정리를 마치고 돌아가고 싶은 마음이었을지도 모르지만 어쨌든 나는 그 응원에 힘입어 겨우 완주할 수 있었다. 꼴찌로 들어왔는데도 이렇게 기분이 좋을 수 있다니, 평생 처음 느껴보는 감정이었다.

내가 달리기, 그중에서도 마라톤을 좋아하는 건 꼴찌를 위해서도 아낌없는 응원과 격려를 해주기 때문이다. 등수에 들지 않더라도 대회에 나갈 때마다 메달을 하나씩 받는 건 정말 마음에 든다.

내가 좋아하는 코스 중 하나는 파주 임진각 주변을 달리는 코스다. 마지막 골인 지점을 앞두고 오른쪽으로 돌면 그때부터 전력질주하기 좋은 코스가 나타난다. 그런데 대회를 나갈 때마다 내가 그 코스에 들어설 무렵이면 장거리 코스의 선두주자가 전력질주를 해오곤 했다. 10킬로미터 코스를 달릴 때는 하프 코스의 선두가, 하프 코스를 달릴 때는 풀코스 선두가 나와 나란히 달리게 되는 것이다.

선두에서 달리는 사람에게 방해가 되지 않도록 선두 주자 앞에서는 오토바이가 먼저 길을 낸다. 요란한 소리를 내며 주변 사람들이 미리 길 양쪽으로 비켜나 달리도록 안내한다. 그 소리를 들으면 나도 선두가 잘 달릴 수 있게 살짝 옆으로 자리를 옮겨 마지막으로 힘을 내보곤 한다. 100미터 전력질주를 해도 도저히 따라잡을 수 없는 선수들이지만 그 대단한 선수들 옆을 잠깐 스치는 동안에는 나도 다리에 불끈 힘이 생기는 듯하다.

만약 수천 명의 사람들이 똑같은 속도로 달린다면 마라톤대회는 시작도 할 수 없을 것이다. 빨리 달리는 사람도, 느리게 달리는 사람도 있기 때문에 수천 명의 사람들이 같은 길을 즐겁게 달릴 수 있다. 그래서 마라톤대회 운영은 빠른 사람은 빠르게 달릴 수 있도록 교통정리를 해주고, 느린 사람들은 끝까지 안전하게 완주할 수 있도록 지원한다.

《109마리 동물 마라톤》노하나 하루카 지음, 송지현 옮김, 주니어김영사,
2023의 동물들은 어느 날 '지구 한 바퀴 동물 마라톤대회'
가 열린다는 편지를 받는다. 왜 하필 109마리일까. 답은 알
수 없지만 109마리 동물 대표 중에는 토끼, 소, 말처럼 누
구나 다 아는 동물도 있고 맨드릴개코원숭이, 임팔라, 말코
손바닥사슴 같은 낯선 동물들, 심지어 공룡과 구미호, 유
니콘 같은 상상 속 동물도 있다. 그야말로 세상 모든 동물
들이 함께하는 마라톤대회다.

처음 출발하는 곳은 파란하늘들판이다. 출발신호에 맞
춰 가장 앞장서 뛰는 동물은 사자다. 지구 한 바퀴를 달리
는 대회답게 동물들이 달리는 코스는 책장을 넘길 때마다
달라진다. 정글, 바다, 깜깜한 동굴, 뾰족뾰족 바위산, 흔들
흔들 외줄, 얼음호수, 숲속 미로까지 109마리 동물들은 길
게 펼쳐진 화면에 송편 같기도, 길쭉한 고구마 같기도 한
모양으로 펼쳐져 지구의 구석구석을 모두 달린 다음 마침
내 결승점에 도착한다.

특수교육이 뭔지도 잘 모른 채 특수교육과에 입학해서 개론시간에 배운 여러 가지 내용 중에 깊은 인상을 받은 것 중 하나가 정규분포곡선이다. 정규분포곡선이란 도수분포곡선이 평균값을 중심으로 좌우대칭인 종 모양을 이루는 것을 일컫는데 평균에서 좌우로 멀어질수록 X축에 무한히 가까워지는 종 모양을 이룬다. 그리고 세상의 수많은 확률과 통계들은 대부분 정규분포를 따른다.

높은 곳에서 바라보면 마라톤대회 모습도 정규분포곡선과 비슷할 것이다. 빠르게 달리는 사람이 있으면 느리게 달리는 사람이 있고, 키가 큰 사람이 있으면 키가 작은 사람이 있고, 지능이 높은 사람이 있으면 지능이 낮은 사람이 있기 마련이다. 그게 자연의 질서다.

대한민국 헌법 제31조는 "모든 국민은 능력에 따라 균등하게 교육을 받을 권리를 가진다"고 밝혀두었다. 이에 따라 우리에겐 의무교육을 받을 권리와 의무가 있다. 그러니까 의무교육이야말로 마라톤대회처럼 운영되어야 하는 것이 아닐까. 앞서 나가는 사람도, 뒤에 따라가는 사람도 무사히 완주할 수 있도록 애써야 하지 않을까. 학교를 통해 배우고 성장하는 어린이들을 지원하는 일은 당연히 마라톤대회보다 훨씬 더 섬세하고 꼼꼼해야 한다. 공부 잘하는 학생들은 영재교육을 시키고, 못하는 학생들은 특수교육이 알아서 하라고 단순하게 다루어서는 안 된다.

2019년에 장애등급제가 폐지된 이후, 장애는 심한 장애와 심하지 않은 장애로 분류한다. 그리고 모든 지원은 그 분류를 기준으로 이루어진다. 그런데 장애가 심할수록 언제나 더 많은 지원이 필요하고 장애가 심하지 않다고 해서 지원이 덜 필요한 것은 아니다. 지원의 양와 종류를 결정하기 위해 살펴봐야 하는 것은 장애의 정도가 아니라 그 사람이 언제, 어디서, 누구와, 어떤 활동을 하려고 하는가여야 한다. '장애인' 활동 지원이 아니라 장애인 '활동' 지원이어야 한다.

그런데 장애 정도를 기준으로 활동 지원 시간이 정해지니 상식적으로 말도 안 되는 일들이 빈번하게 일어난다.

누구보다 장애를 가진 어린이의 변화와 성장을 자랑하고 부풀리고 싶어 해야 할 보호자와 교사 들이 자신의 자녀가, 내가 가르치는 제자의 장애가 얼마나 심한 줄 아느냐고 경쟁하듯 얘기하게 되었다. 그렇게 장애를 불편하고 나쁜 것으로 드러내야 그나마 필요한 지원을 받을 수 있기 때문이다. 장애등급제가 폐지되었는데도 중증장애인, 최중도장애인, 중도중복장애와 같은 말로 누군가를 설명해야 할 때도 많다. 괜히 이런 것도 할 수 있다고 자랑했다가 지원이 줄기라도 하면 그 뒷일을 감당할 수 없기 때문이다.

개인 탓이 아니라 제도 때문이다. 선착순 몇 명만 선택하는 시합처럼 부족한 자원을 소수에게만 주려고 하니 누가 누가 더 심하고 힘든지를 드러내려고 경쟁하는 모양새가 되어버렸다.

진정한 '활동' 지원이 되려면 말을 할 수 있어도, 걸을 수 있어도, 밥을 잘 먹어도 지역사회에서 함께 어울려 살아가는 일이 어려운 누군가가 있다면 그 사람에게 어떤 지원을 제공해야 할지 함께 고민해야 한다.

달리기는 누군가와 주고받는 운동도 아니고 팀으로 함께하는 운동도 아니다. 누군가는 모임을 만들어 달리기도 하지만 혼자 달려도 그만이다. 그래서 나에게는 달리기가 잘 어울리는 운동이다. 나는 혼자 달리는 순간을 가장 좋아하지만 정작 달리기를 좋아하게 된 건 수천 명의 사람들과 함께 같은 길을 달리는 대회에 참가한 다음부터다. 선두에서 달리는 사람도 뒤에 따라오는 사람들이 없다면 왠지 기운이 빠지지 않을까. 실제로 주요 마라톤대회에는 페이스메이커가 있다. 손을 잡고 달리는 건 아니어도 결국 앞과 뒤, 그리고 곁에서 뛰는 사람들 덕분에 가능한 레이스라는 뜻이다.

교육도, 학교도 그랬으면 좋겠다. 공부를 잘하는 학생도, 공부를 못 하는 학생도 일단 학교라는 달리기가 즐거워야 더 오래 함께할 수 있다. 그렇게 함께 달리는 시간을 통해 모두가 조금씩 성장할 수 있을 것이다.

세상 모든 몸에서는
방귀와 똥이 나온다

 해마다 우리 몸이 하는 일에 대한 공부를 한다. 국어시간에도, 과학시간에도, 미술시간에도, 체육시간에도 배운다. 1학년 때도 배우고, 2학년 때도 배우고, 중학생이 되어서도, 고등학생이 되어서도 배운다. 몸이라는 교재만큼 우리에게 익숙하고 다루기 쉬우면서도 또 중요한 것이 없기 때문이다.

"눈은 어디 있나, 여기~" 하는 노래를 부르며 공부를 시작했었는데 요즘은 화려하고 빠르게 움직이는 영상에 맞추어 〈바디송Bodysong〉을 부르기도 한다.

몸에 대한 공부를 할 때마다 보지 못하는 눈, 듣지 못하는 귀, 걷거나 달리지 못하는 다리, 말하지 못하는 입을 가진 어린이들 앞에서 몸을 어떻게 이야기하면 좋을까 고민한다. 수업시간마다 소위 '정상인 몸', 즉 '비장애인의 몸'을 보여주는 셈인데 그런 경험들이 쌓여 정상과 비정상을 나누고 그 기준을 자신에게 적용하도록 하는 건 아닐까 염려가 된다.

《나의 몸, 너의 몸, 다른 몸》서맨사 커시오 지음, 김보람 옮김, 불의여우, 2022은 이런 고민을 조금 가볍게 해주었다. 그림책의 모든 장면은 다양한 크기와 빛깔, 특징을 가진 몸들을 보여준다. 그리고 여러 매체에서는 잘 보여주지 않는 몸에 관한 여러 특징들도, 그것이 문제가 아니라 그저그런 특징을 가진 것일 뿐이라고 담담하게 얘기해준다.

피부의 트러블, 흉터 따위는 말끔히 없앨 수 있다고 떠드는 광고들을 보고 있자면 마치 트러블도, 흉터도, 기다란 털도 없어야 마땅하다는 생각이 들곤 한다. 하지만 누구나 자신의 몸에 못마땅한 점이 조금씩 있기 마련이다. 여러 매체에 보이는 사람들 모습이 너무 매끄럽고 완벽해 보여서 나 혼자만 이런 문제를 안고 산다고 생각하기 쉽지만 사실은 반대에 가깝다. 어딘가 흠이 있고 거칠고 울퉁불퉁한 것이 실제 우리 모두의 모습이다.

'세상 모든 몸에서 방귀와 똥이 나온다.'는 당연한 말에 한 번 더 눈길이 갔다.

흔히 학교 현장의 특수교사들을 격려한다면서 학생들의 '똥오줌을 치우기'도 한다는 표현을 쓴다. 이 말만큼 나를 화나게 하는 말도 없다. 이건 특수교사들을 격려하기 위한 말일까, 아니면 특수교육 대상학생들을 모욕하기 위한 말일까. 나는 둘 다 모욕당했다고 생각한다.

세상 모든 몸에서는 방귀와 똥이 나온다. 때문에 내가 가르치는 학생들도 방귀와 똥을 밖으로 내보낸다. 다른 점이 있다면 학생들은 나처럼 '아닌 척'을 잘 못한다는 것뿐이다. 오랫동안 기저귀를 사용하는 학생도 있고 옷을 입은 채 실수하는 경우도 있다. 화장실에 가서 볼일을 보았지만 다른 사람이 뒤처리를 도와야 할 때도 있다.

특수교육은 장애를 가진 어린이의 사회적응능력을 길러주는 데 그 목표를 두고 있다. 그러니 잘 먹고 잘 싸는 것과 관련해 서로 도움을 주고받는 일도 아주 중요한 학습 요소 중 하나다.

걷지 못하는 사람들이 휠체어를 이용하고, 눈이 나쁜 사람이 안경을 사용하는 것처럼 대소변을 가리기 어려운 사람들에게도 적절한 지원이 필요하다. 편안한 환경에서 능숙한 지원인력에게 적절한 지원을 받아 자신의 몸을 깨끗하고 편안하게 유지할 수 있도록 하는 것도 중요한 교육 목표다. 그러려면 학생들이 대소변을 가리도록 가르치는 것만큼이나 지원인력들이 똥오줌을 잘 치워주는 것도, 편안한 환경을 마련하는 일도 매우 중요하다.

하지만 지역사회의 많은 시설들은 장애인에게 적절한 환경을 마련해주지 않는다. 장애인용 화장실조차 스스로 변기에 앉을 수 있는 사람들을 위한 것이어서 기저귀 교환이 필요한 어린이나 청소년들에게는 몹시 불편하다. 기저귀 교환대는 영유아에게 맞추어져 있어서 초등학생만 되어도 외출할 때마다 여간 불편한 게 아니다. 묵직한 기저귀를 내내 하고 있거나, 누울 수 있는 곳이라면 어디서든 기저귀를 교환해야 할 때도 있다. 사람들이 지나다니는 잔디밭 구석에 매트를 깔고 담요 등으로 대충 가리기도 하는데 이건 장애를 가진 누군가의 잘못이 아니라 적절한 공간을 마련해주지 않는 사회의 잘못이다.

휠체어를 이용하는 많은 장애인들이 '오줌권' 보장의 어려움을 이야기한다. 세상 모든 몸에서 오줌과 똥이 나오니 오줌권이 삶의 질에 얼마나 큰 영향을 미치는지 쉽게 이해될 것이다. 당장 집 밖에서는 화장실을 이용할 수 없다면 물이나 음식을 먹는 일도 꺼려질 것이고, 다른 일에 집중하기도 어려울 것이다. 그 밖의 어려움과 곤혹스러움을 상상하는 일은 어렵지 않다.

가끔 학생들이 불편한 곳에서, 지원인력의 불쾌한 혼잣

말을 들으며 기저귀를 가는 모습을 본다. 그럴 때면 누워 있는 사람이 나라면 어떤 마음일까 상상해본다. "왜 이렇게 많이 먹었어", "뭘 먹었길래 이렇게 많이 눴어", "냄새가 왜 이렇게 지독해" 같은 말을 들을 땐 오늘 아침에 내가 누고 나온 똥을 떠올려보기도 한다. 누가 봤으면 도대체 넌 뭘 먹고 다니는 거냐며 욕했을 텐데 다행히 나는 들키지 않았다고 안심해야 할까.

오줌, 똥, 가래, 침, 콧물…, 모두 우리 몸에서 나오는 것들이지만 일부러 찾아보고 싶지는 않은 것들이다. 그래서 누구나 오줌과 똥을 싸지만 겉으로는 아닌 척한다. 그리고 서로서로 모르는 척해준다. "식사하셨어요?", "안녕히 주무셨어요?" 하는 안부인사는 자주 나누지만 "똥은 잘 싸셨어요?" 하고 묻지 않는 것처럼 말이다.

장애를 가진 어린이들과 하루를 보내는 일은 한글을 익히고, 수를 익히고, 꽃과 나무에 대해 배우고, 노래를 부르고, 그림을 그리는 일로만 채워지지 않는다. 먹고, 마시고,

코를 풀고, 침을 흘리고, 똥오줌을 싸는 일도 함께해야 한다. 나도 수없이 많은 어린이들의 똥과 오줌을 다양한 상황에서 처리해보았다. 그리고 오랜 시간의 경험을 통해 제법 능숙하게 잘 처리한다는 자신감도 있다. 그걸 일일이 얘기하지 않는 건 궂은 일이어서가 아니라 어느 정도는 모르는 척해주는 것이 서로에 대한 예의라고 생각하기 때문이다. 그러니 똥오줌을 치우는 일을 한다고 더 격려를 받을 일도, 무시를 당할 일도 아니다. 그런 일로 누군가의 지원을 받는다고 더 미안해하지도 않았으면 좋겠다.

한편으로 생각하면 너무 오랫동안 모르는 척하느라 여전히 장애인의 '오줌권'이 제대로 보장되지 못하는지도 모르겠다. 지역사회의 화장실은 다양한 몸을 가진 사람들이 누구라도 편리하게 이용할 수 있도록 개선되어야 한다. 세상 모든 몸에서 방귀와 똥이 나온다는 사실을 잊지 말자.

특수교육?
통합교육!

 나는 특수교육이 통합교육의 다른 이름이라고 생각한다. 장애를 가진 누군가에게 특별한 가르침이 필요한 이유는 지역사회에서 '함께' 살아가기 위해서이기 때문이다. 학령기 어린이들에게 가장 중요한 지역사회 중 하나는 학교다. 그래서 학교에서 '함께' 배우는 일은 장애를 가진 어린이들에게 가장 중요한 교육목표 중 하나다. 그런데 통합교육은 특수교육대상자 중에서도 일부에게만 가능하다고 여기는 사람들이 많다.

우리는 쉽게 "가영이는 특수학급에서 배우는 게 더 좋지 않을까", "나은이 정도면 특수학급도 좋지"라고 말한다. 나도 종종 그런 말을 해왔다. 하지만 이 말은 한편으로 'ㅇㅇ에게는 통합교육이 무리야' 하는 말과 같다. 한번 해보지도 않고 그렇게 말해도 되는 걸까. 이런 생각을 하면 학생들에게 몹시 미안해진다.

누군가를 '통합교육이 가능한/통합교육이 가능하지 않은'으로 나눌 수 있을까. 나는 이것이 과거에 훈련가능급, 교육가능급으로 학생들을 나누던 것만큼이나 뒤떨어진 접근이라고 생각한다. 물론 여기서의 통합교육이 일반학교의 교과수업에 모두 참여해야 한다는 의미는 아니다. 전일제 특수학급이라도 의미가 있다고 생각하기 때문이다.

전일제 특수학급을 말하면 특수학급은 통합교육을 위해 만들어진 것인데 전일제 특수학급이 생기면 그 취지가 망가진다고 염려한다. 당연한 걱정이다. 지금도 학생이 적응하기 어려워할 때마다 일반교실에서 노력을 다하는 대신 특수학급으로 보내거나, 특수학교로의 전학을 권하며 압박하는 경우가 많은데 전일제 특수학급이 생기면 오죽할까 싶은 마음일 것이다.

하지만 어떤 학생들에게는 전일제 특수학급도 의미가 있다. 스쿨버스를 타고 집에서 한 시간 떨어진 특수학교에 다니는 것과 동네 아이들과 같이 집 앞에 있는 학교를 다니는 것은 전혀 다른 경험이다. 같은 교문을 지나 같은 급식실에서 점심을 먹고 같이 현장학습을 가고 같은 운동장에서 공놀이를 하는 것만으로도 의미가 있다.

누군가는 물리적 통합만으로 통합교육이 이루어지는 건 아니라고 한다. 맞는 말이다. 그런데 그 물리적 통합조차도 못 하는 학생들이 너무 많다.

왜 어떤 학생들은 집 앞에 있는 학교에 갈 수 없을까. 학습이 어려워서, 보행이 어려워서, 신변처리가 힘들어서, 라고 한다. 그 책임이 학생에게 있다고 얘기하는 셈이다. 그리고 전문가와 좋은 시설이 있는 특수학교로 가면 된다고 한다. 하지만 생각을 달리해보면 학습과 생활을 지원하는 특수교사와 지원인력이 충분하다면, 모든 학교들이 편의시설을 잘 갖춘다면, 일반학교에서도 충분히 가능한 일이 아닐까.

통합교육을 해보겠다는 마음도 못 먹어보고 특수학교에 가겠다고 했는데 빈자리가 없어서 입학이 어렵다는 얘기를 듣기도 한다. 그런 경우에는 정원에 여유가 있는 특수학급에 배치된다. 나를 반기지 않는 공간에, 내가 원하지 않는데도 가야 하는 상황이 되는 것이다.

통합교육을 둘러싼 여러 가지 사건의 여파인지 최근 특수학교 입학과 전학 문의가 부쩍 늘었다. 하지만 특수학교 정원은 대부분 꽉 차 있어서 어려움을 겪고 있다. 그런데도 특수학교를 지으려고 하면 지역주민의 반대에 부딪혀 온갖 모욕의 말들을 들어야 한다. 그러니 '특수학교에 가라'는 말이 곱게 들리지 않는다.

특수학교는 장애를 가진 학생들의 교육과 미래를 위해

서 존재하는 곳일까, 아니면 장애가 없는 학생들을 위해서 존재하는 곳일까.

통합교육에 대한 이야기를 들을 때마다 내 속에서 스멀스멀 올라오는 시샘 같은 것이 있다. 통합교육이 얼마나 어려운지, 통합교육을 위해 현장에서 얼마나 고군분투하고 있는지 열띤 이야기를 듣고 있노라면 그 대화에 끼지 못하는 나와 내가 가르치는 학생들이 떠올라 샘이 난다.

어쩌다보니 전보 발령이 따로 없는 학교에서 학생들을 만나고 있다. 그러다보니 장애가 심하다고 자타가 공인하는(?) 학생들을 오랫동안 가르쳐왔다. 하지만 특수교육을 공부하기 시작했을 때부터 지금까지 통합교육이 특수교육의 본질이라는 생각은 변하지 않았고, 통합교육에 힘을 보탤 수 있기를 간절히 바라는 마음도 여전하다. 그래서 학교를 옮길 수 있는지 이리저리 알아보기도 했다. 하지만 한편으로 통합교육은 어렵다고 하는, 지금 여기서 만나는 학생들에 대한 오래된 애정도 켜켜이 쌓여 있어서 늘 이러지도 저러지도 못하고 있다.

특수학교 입학을 선택하면 만3세부터 특수학교 유치원에 입학해 초중고 과정을 거쳐 전공과까지 마치게 된다. 무려 17년 동안 같은 학교에 다니는 것이다. 성장을 마친 성인도 한 직장을 10년 넘게 다니기 어려운데 한창 성장하는 학생들이 같은 학교를 이렇게 오랫동안 다니다니, 어딘가좀 이상하다. 그러고도 졸업하고 나면 갈 곳이 없어서 애를 태우다가 주간보호센터 등에 입소하곤 한다.

꿈처럼 바라는 일은 우리 학교에 오겠다고 이사까지 온여러 학생들과 동네 초등학교를 접수하는 것이다. 그럼 시설 좋다는 특수학교에는 없는 넓은 운동장에서 휠체어로마음껏 달려볼 텐데 말이다. 10여 년 전에는 우리 학교와작은 찻길 하나를 사이에 둔 학교에 가서 운동회에 참여하기도 하고 동아리 시간을 함께하기도 했지만 그런 일들이점점 어려워지고 있다. 우리 반, 우리 학교 학생들 챙기는일만 해도 손이 많이 가는데 이웃 학교와 함께 부담되는 일을 하겠다고 나서는 사람들이 없기 때문이다. 그러니 여러 가지 지원이 필요한 특수학교 학생들은 또래 학생들을 만날 기회가 점점 더 줄어들고, 그만큼 지역사회에서 함께 살아가는 데 필요한 경험도 쌓아가지 못하고 있다.

그래도 특수학교의 인기는 식을 줄을 모른다. 또래에게 상처받지 않고, 더 많은 지원인력이 있으니 안전할 거라고 믿기 때문이다. 자녀가 오늘 하루 행복하게, 안전하게, 즐겁게 지냈으면 좋겠다는 바람을 종종 전해듣는다. 모든 사람들이 바라는 바일 것이다. 하지만 다시 생각해보면 우리는 넘어지고 다치면서 조금씩 성장하지 않았나. 그런데 왜 장애가 있는 학생들에게는 아픈 만큼 자라는 성장은 필요 없다고 생각하는 걸까.

우크라이나 민화를 바탕으로 한 그림책 《장갑》에우게니 M. 라초프 그림, 배은경 옮김, 한림출판사, 2015은 숲에 떨어진 장갑 한 짝에 들어가 지내는 들쥐와 개구리와 토끼와 여우와 곰의 이야기다. 이 그림책에서 들쥐 이빨은 날카로우니까, 여우는 사나

우니까, 하며 망설이는 목소리는 들리지 않는다. 이건 그냥 민화일 뿐이라고, 현실에서 토끼와 여우가 함께 사는 일은 있을 수 없다고, 옛이야기에서나 가능한 거라고 얘기할 수도 있다.

그렇다면 경쟁적인 학교 밖 사회에서는 어렵다 해도 의무교육 기간 동안만이라도 함께 살아갈 수 있도록 해야 하지 않을까. '모든 국민을 위한 공교육'이라는 말이 합당하려면 말이다. 국민의 기본권리인 의무교육을 담당하는 교육기관이라면 그림책 속 장갑처럼 누구에게나 열려 있어야 하지 않을까. 너는 안 된다고 밀어낼 핑계를 찾기 전에 학교가 무엇을 준비하면 좋을지 먼저 고민하면 좋겠다.

생각해보면 '통합교육'이라는 가치는 특수교육이 아니라 의무교육의 핵심적인 가치가 되어야 한다. 국적과 종교, 장애 여부와 출신 지역 등에 상관없이 대한민국에 거주하는 어린이와 청소년이라면 누구나 학교에 가서 교육을 받을 수 있어야 하니까 말이다. 일단 기본은 갖춰놓고 그다음에 특수학교든 대안학교든 선택권을 이야기했으면 좋겠다.

단 한 명의 아이도
포기하지 않는

존 버닝햄의 그림책 중에는 내가 아는 특별한 어린이들을 떠올리게 하는 이야기들이 많다. 《깃털 없는 기러기 보르카》 존 버닝햄 지음, 엄혜숙 옮김, 비룡소, 1996 가 그렇고, 《구름나라》 존 버닝햄 지음, 고승희 옮김, 비룡소, 1997 가 그렇다. 《구름나라》에서 울고 있는 엄마, 아빠의 모습은 학교에서 종종 만나는 보호자들의 모습과 닮아 있다.

초등학교 입학을 앞두고 교통사고를 당해 장애를 갖게 된 어린이가 있었는데 어머니는 그 어린이의 침대 머리맡에서 어린 시절에 찍은 사진들을 보며 종종 눈물을 흘린다고 했다. 뇌손상이 심해 학교에서는 대체로 잠자는 듯 가만히 있던 어린이는 어느 날 바이올린 연주 음악을 들으면서 웃는 것처럼 편안한 표정을 지어 보였다. 하교시간에 그 이야기를 했더니 어머니가 눈물을 글썽이며 반가워하셨다. 어렸을 때 바이올린을 열심히 배웠는데 그때를 기억하는 모양이라고 했다. 《구름나라》 그림책을 볼 때마다 그 어린이가 떠오른다. 어쩌면 그 어린이도 구름나라에서 지내고 있는 걸까, 그러다 문득 어린 시절을 떠올리기도 하는 건 아닐까.

《마법침대》존 버닝햄 지음, 이상희 옮김, 시공주니어, 2003를 보면 늘 침대에 누워 지내는 몇몇 어린이들이 떠오른다. 그 어린이들이 하루 종일 지내는 그 침대가 사실은 마법침대라면 좋겠다 싶다. 《크리스마스 선물》존 버닝햄 지음, 이주령 옮김, 시공주니어, 1996은 몇 해 전 순회학급의 담임을 맡았을 때를 떠오르게 한다.

순회학급에도 여러 유형이 있는데 병원이나 시설 등으

로 찾아가는 순회학급이 있는가 하면 건강 등의 문제로 학교에 와서 수업받기 어려운 학생들 집으로 찾아가는 재택 순회교육도 있다. 아마도 처음 특수교육이 공교육 안으로 편입되었지만 그 기반은 제대로 갖춰지지 않았던 시절, 짧은 기간 안에 국제기구에 보고해야 하는 장애학생들의 취학률을 높이기 위해 만들어진 제도가 아닐까 짐작한다.

교육청이나 학교마다 방문 횟수나 시간은 조금씩 다른데 나는 세 명의 학생을 각각 주 3회씩 방문했다. 학교에 들어가 업무를 보는 수요일 오후를 뺀 나머지 시간에 모두 아홉 차례 가정을 방문해서 수업했다. 교사인 나도 내가 교사인지 아닌지 헷갈릴 때가 많았으니 아마 학생들도 자신이 학생인지 아닌지 헷갈렸을 것이다.

순회학급 편성을 할 땐 학년과 거주지를 모두 고려하지만 딱 맞아떨어지는 것은 아니어서 이동할 때 이런저런 어려움이 있기 마련이다. 그해 담임했던 한 학생의 집은 거리상으로는 가까웠지만 교통편이 애매했다. 걷기에는 멀고, 버스는 번거롭게 갈아타야 했다. 또 다른 학생의 집은 제법 먼 거리에 있어서 지하철을 갈아타고 한 시간 넘게 이동해야 했다. 날마다 오늘의 날씨와 수업에 쓸 교재의 부피나 무게를 고려해 여러 경로로 수업을 하러 갔다.

무덥던 어느 날, 지하철을 타고 오전 수업을 다녀와서 다시 자전거를 타고 오후 수업을 하러 가는 길에 문득 한겨울에나 어울릴 《크리스마스 선물》존 버닝햄 지음, 이주령 옮김, 시공주니어, 1996이 떠올랐다. 크리스마스이브에 세상 모든 어린이들에게 선물을 나누어주고 돌아와 몹시도 지친 순록과 산타할아버지의 모습이 말이다.

순회수업을 마치고 학생 집을 나올 때면 종종 긴 한숨을 쉬게 된다. 학생이 한 명이라고 해서 수업에 쓰는 에너지가 줄어드는 건 아니다. 쉬는 시간도 없이 90분 넘게 학생과 함께 온몸으로 뒹굴고, 노래도 부르며 여러 활동을 하고 나면 학교에서 하루 수업을 마치고 의자에 털썩 주저앉을 때와 비슷한 몸 상태가 된다. 하지만 아직 오후 수업이 남아 있으니 얼른 점심을 챙겨 먹고 다시 부지런히 이동해서 한 학생과의 수업을 더 해야 한다. 나에게는 두 번째 수업이지만 학생에게는 하루의 유일한 수업이니 느긋하게 진행할 수도 없다.

순회교육을 받는 학생들의 사정은 아주아주 멀고 먼, 롤리폴리산 꼭대기 오두막집에 사는 하비 슬럼펜버거와 닮은 구석이 많다. 하비 슬럼펜버거는 가난한 부모와 살고 있고, 그 부모는 아이에게 크리스마스 선물을 사줄 수 없다. 그래서 여태껏 하비 슬럼펜버거가 받아본 선물은 산타 할아버지의 선물이 전부다.

내가 만나러 가야 하는 학생들도 여러 사정 때문에 학교교육을 받을 수가 없다. 그래서 일주일에 세 번 있는 수업이 교육의 전부이고, 순회교사가 가족 외에 만나는 유일한 사람인 경우가 많았다.

엘리베이터가 없는 건물의 꼭대기층에 사는 어린이를 데리고 내려올 사람이 없어서, 장애 특성 때문에 오래 앉아 있기가 어려워서 순회교육을 받는 학생도 있다. 장애 정도가 비슷하더라도 어떤 학생들은 등교해서 침대에 누워서라도 친구들과 함께 공부를 하지만 또 어떤 학생들은 어쩔 수 없이 순회교육을 받는다. 학생이 원하는 학교에 자리가 없거나, 그 학생에게 적절한 교육과정을 운영하는 학교를 찾지 못해서 재택 순회교육을 선택하는 경우가 훨씬 많기도 하다. 그 학생의 장애 때문이 아니라 주변환경 때문에 순회교육을 선택(?)할 수밖에 없는 것이다.

또래의 다른 아이들이라면 학교 선생님뿐 아니라 사교육 기관의 여러 선생님들까지 한 해 동안 서너 명 이상의 선생님을 만날 테고, 선생님과 함께 있는 시간이 가족들과 함께하는 시간보다 훨씬 많겠지만 순회교육을 받는 학생에게는 순회교사가 유일한 선생님이다. 하비 슬럼펜버거에게 선물을 가져다준 이가 산타할아버지뿐이었던 것처럼 말이다.

통합교육을 생각하면 아쉬움과 미련이 가득하지만 그래도 내가 지금 근무하는 학교를 좋아하는 건, 단 한 명의 아이도 포기하지 않기 때문이다. 단 한 번도 '장애가 너무 심해서 우리 학교에서 가르칠 수 없겠습니다.'라는 말은 하지 않았다. 내가 유난히 투철한 직업정신을 가져서가 아니라 그럴 수 있게 만드는 물리적인 환경과 교사교육, 지원체계가 어느 정도 갖춰져 있기 때문이다.

30년의 교직생활 중에 7년 동안 순회교육을 했다. '이 학생에게는 순회교육이 최선이겠구나' 싶은 경우도 있었지만 대부분은 그렇지 않았다. 학교로 올 수 있으면 얼마나 좋을까, 그러면 얼마나 더 많은 것을 보고 경험하며 배울 수 있을까 싶어 안타까웠던 학생들이 더 많았다.

교육정책을 얘기할 때 '단 한 명의 아이도 포기하지 않는'이라는 수식어를 많이 본다. 하지만 현실에서는 장애가 너무 심해서, 문제행동이 너무 심해서, 근처에 마땅한 기관이 없어서 등의 변명을 더 자주 듣는다.

미처 전하지 못한, 자루 안쪽에 남아 있던 하비 슬럼펜버거의 선물을 찾아낸 산타할아버지처럼 우리가 놓치고 있는 어린이는 없는지 더 꼼꼼하게 살펴보면 좋겠다. 안 보이는 척 자루를 침대 밑으로 슬쩍 밀어넣진 말아야겠다.

유령이
사는 집

재미있는 '유령' 그림책을 만났다. 《우리 집에 유령이 살고 있어요!》올리버 제퍼스 지음, 신수진 옮김, 비룡소, 2022는 매 장면마다 끼워진 반투명 트레이싱지가 처음에는 보이지 않던 유령을 다음 장에서 확인하게 해준다. 유령을 찾는 재미가 아주 쏠쏠한 그림책이다.

주인공 어린이는 독자들에게 집안 구석구석을 소개하며 '우리 집에 살고 있는 유령'을 같이 찾게 한다. 주인공은 끝내 유령을 보지 못하는 반면, 독자들은 반투명 트레이싱지를 넘기며 집 안 곳곳에서 유령을 볼 수 있다. 그래서 더 재미있는 그림책이지만, 현실에서 같은 일이 벌어진다면 참으로 답답하고 때로는 비극적일 것이다.

가끔씩 내가 만나는 어린이들이 유령이나 가구처럼 취급된다는 느낌을 받는다. 어린이 바로 앞에서 이 어린이에 관한 불편한 질문이나 표현들을 거침없이 사용하는 사람들도 있다. 휠체어를 밀어주거나 학생이 직접 하기 어려운 몇몇 일을 대신 해주는 것뿐인데도 아주 간단한 질문조차 휠체어 뒤에 있는 나에게 던진다. "더울까요?", "목마를까요?", "하기 싫은 걸까요?"……. 이럴 땐 차라리 내가 유령이 되어 사람들 눈에 보이지 않았으면 싶다. 바라건대, 먼저 어린이의 눈을 맞추고 물어봐주면 좋겠다. 설령 어린이가 대답을 못 하더라도 말이다.

순회학급 담임을 할 때는 나와 내가 가르치는 학생들이 모두 '유령'이 된 것 같다는 생각을 자주 했다. 곁에 있지만 누구도 알아차리지 못하는 존재가 된 것 같았다. 솔직하게 고백하자면 그래서 나는 순회학급 수업이 너무 힘들었다. 물론 다시 순회학급을 맡게 된다면 학생들에게 최선을 다하겠지만 그렇다고 가기 싫은 마음까지 어쩔 수는 없다.

순회학급을 맡을 때는 집 베란다 한쪽 구석이나 자동차 트렁크에 온갖 교재 교구들을 쌓아두곤 했다. 교사 연구실 공간은 교실에 비해 턱없이 좁고 집에서 학생 집으로 바로 가는 경우도 많아서 수업에 필요한 교재들은 집과 학교 여기저기에 흩어져서 쌓여갔다.

가방은 가벼우면서도 용량이 커야 하고, 옷은 신축성이 좋아야 한다. 금세 무릎이 튀어나와도 안 되지만, 그렇다고 트레이닝복 차림으로 다니기도 불편하다. 학교에서는 옷을 갈아입으면 그만이지만 수업하는 학생 집에서 옷을 갈아입을 수는 없으니 신축성 좋은 면바지와 면셔츠를 주로 입는다. 학생의 건강상태에 따라 수업은 의자에 앉아서 하거나 바닥에 주저앉아서, 가끔은 아예 드러누워서 하기도 한다.

소속 교육청마다 시간은 다르게 운영되는데, 나 같은 경우는 90분에서 120분 동안 수업을 한다. 그런데 학생과 나만의 시간을 보내는 것도 쉽지만은 않다. 학생들끼리의 상호작용, 동료교사들과의 자연스러운 아이디어 교환도 이루어지지 않는다. 동료교사들과 자연스럽게 수업과 학생에 대한 생각을 나눌 수 없다는 게 얼마나 괴로운 일인지, 순회교육을 하면서 알게 되었다.

동네 친구는커녕 학교 친구도 만나지 못하는 어린이가 나에게 무엇을 배울 수 있을까 생각하면 막막하기만 했다. 그나마 이 시간이 없다면 어린이가 하루 종일 만나는 사람은 양육자 한두 명이 전부라는 생각에 가능하면 재미있는 이야기를 많이 전해주려고 애썼다. 나 하나라도 이 어린이에게 좋은 친구가 되어주자는 마음으로 1년을 간신히 버티곤 했다.

그러는 와중에도 종종 서운한 일이 생겼다. 교내에서 교육 중인 다른 선생님들이 여러 행사나 업무에서 순회교사와 순회학급 학생들을 미처 생각하지 못했다. 교내 연수나 회의에도 참석하기 어려웠고, 어떤 공지는 뒤늦게 전해졌다. 학생들도 교내 학생들과 견주면 누리지 못하는 것들이 너무 많았다. 처음 순회학급을 담당했을 때는 몹시 서운했는데 교내로 돌아와보니 나 역시 '맞다, 순회반이 있었지!' 하며 뒤늦게 허둥대는 일이 많았다.

순회교사 경험이 있고, 순회학급이 있는 학교에 근무하는 나도 이러는데 서류로만 '순회교육'을 만나는 교육전문가나 행정가들은 오죽할까. 그들은 순회학급 학생들을 어떻게 생각하고 있을까. 아니, 그 학생들의 수업에 대해 구체적으로 생각해본 적은 있을까.

중학교 자유학년제, 고등학교 고교학점제 등이 새롭게 등장할 때마다 특수교육은 어떻게 해야 하나 뒤늦은 고민을 한다. 거기서도 순회교육은 뒤로 밀린다. 하지만 목소리를 내기란 쉽지 않다. 학생을 학교까지 데리고 나오는 것도 힘든 양육자들이 자녀를 위해 목소리를 내는 일은 또 얼마나 어렵겠는가.

좁고 어두운 학생 방에서 나 혼자 묻고 대답하고 떠들

며 수업을 하다가 펼쳐놓았던 수업자료들을 주섬주섬 챙겨 나오노라면 온몸이 물먹은 솜뭉치처럼 무거워지고 기분도 가라앉았다. 그 학생과 내가 이렇게 좁은 공간에서 만나 노래를 부르고, 그림을 그리고, 놀고 있다는 걸 누가 알까 생각하곤 했다. 여기서도 우리가 뭔가를 배우고 있다는 걸, 세상으로 나갈 기회를 간절하게 기다리고 있다는 걸 아는 사람이 몇이나 있을까.

나는 겨우 몇 해 순회교육을 해본 걸로도 이렇게 순회교육이 힘들다고 엄살인데 12~15년의 의무교육 시간을 순회교육으로만 채워야 하는 학생들은 어떨까 생각해본다.

2023년 9월, 영암의 한 주택에서 일가족 다섯 명이 사망한 상태로 발견되었다. 20대인 삼형제는 재택 순회교육을 받고 있었는데, 주변 이웃 중 누구도 삼형제를 보지 못했다고 한다. 유령처럼 집을 지키던 삼형제의 존재는 죽음 이후에야 세상에 알려질 수 있었다.

영암 일가족에 대한 끔찍한 기사를 접하고 교실도, 책

상도, 급식실도, 또래친구도 없는 집으로 날마다 찾아가 삼형제를 가르쳤을 특수교사를 떠올렸다. 혼자서 삼형제를 만나는 동안 더 해줄 수 있는 게 없어서 막막하진 않았을까, 다른 세상을 보여주고 싶어서 이리저리 혼자 궁리하다가 포기하는 일을 되풀이하지는 않았을까. 나중에 삼형제의 소식을 듣고 나서는 또 혼자 얼마나 괴로워했을까.

왜 삼형제는 학교에 가지 못했을까. 적어도 건강상의 이유는 아니었을 것이다. 나이가 너무 많아서, 데려다줄 사람이 없어서, 근처에 마땅한 학교가 없어서 같은 이유들이었을 것이다.

어떤 이유에서든, 순회교육을 받는 학생들이 내내 집에서만 지내게 하지는 않았으면 좋겠다. 다만 몇 번이라도 학교에 나오기 위해서는 어떤 지원이 필요할지도 함께 고민해주면 좋겠다.

학교와 사회의 교육정책이 경쟁적으로 변할수록 특수교육 대상학생들을 포함한 학교 안의 다양한 존재들은 설 자리를 잃는 것 같다. 인구감소로 학생수가 줄어드는 상황에서도 특수교육 대상학생들의 수는 오히려 늘어나고, 특수학교 입학을 위해 입학유예도 마다하지 않는 현실을 보며 예전보다 더 팍팍해진 일반학교들의 분위기를 어렴풋이 짐작해본다.

《민수야, 힘내!》 아오키 미치요 글, 하마다 케이코 그림, 이영준 옮김, 한림출판사,
2000의 속표지에는 "지애와 민수는 참 친합니다."라는 글과
함께 서로 마주 본 두 어린이가 나온다. 내가 좋아하는
장면 중 하나다. 양갈래로 땋은 머리에 파란 방울을 달고
있는 지애는 내내 민수의 마음을 잘 헤아려주는데 그건
그냥 지애와 민수가 친하기 때문이다. 참 보기 좋은 우정
이다.

민수는 내가 만난 어린이들과 무척 닮았다. 그래서 나
에겐 민수의 작고 느린 움직임을 알아차리는 지애가 몹시
특별해보인다. 특수교사인 나도 그 조용한 움직임이 엄청
난 표현이었다는 사실을 시간이 한참 흐른 뒤에야 알았는
데 말이다.

물론 다른 친구들도 민수와 잘 지낸다. 민수를 업고 호
두나무에 오를 생각까지 하는 걸 보면 말이다. 하지만 아
무리 민수 체구가 작아도 또래 어린이가 민수를 업고 나무
에 오르기는 어렵다. 한 친구가 '민수가 조금만 더 작으면
업을 수 있을 거'라고 아쉬워하자 또 다른 친구는 '민수가

작아지는 게 아니라, 우리가 더 커져야 되는 거'라고 대꾸한다.

이 말에 첫 학교에서의 기억이 떠올랐다. 한 어린이가 좋아하는 음식을 앞에 두고 자기가 커지면 양육자가 힘들어질까 봐 한숨 섞인 걱정을 했다. 잘 먹고 쑥쑥 자라는 게 중요한 목표였던 시절을 지나 사회에 나온 지 얼마 되지 않아서였을까, 그 어린이의 말이 쉽게 잊혀지지 않았다.

연로한 부모님은 종종 "나 때문에 너희들이 고생이다."라고 하신다. 하지만 어린이들이 성장하고, 부모가 늙고 병들어가는 건 당연한 일이다. 호르몬의 변화나 주변 환경의 변화에서 기인한 스트레스 등으로 행동문제가 일어나는 경우도 마찬가지다.

'우리가 더 커야 한다.'는 어린이의 말은 내가 돌보기 어려우니 성장하지 말라고, 늙지 말라고, 문제행동은 일으키지 말라고 무작정 요구해서는 안 된다고 얘기하는 듯하다. 어쩔 수 없는 걸 바꾸려 하지 말고, 우리가 더 자라날 궁리를 해야 한다고 말이다.

결국 넓은 띠로 민수를 업고 나무에 오르는 건 선생님이다. 굵고 튼튼한 호두나무와 호두나무 열매처럼 동글동글한 어린이들의 모습이 참 든든하다.

이 책의 원제는 '호두나무에 오르자!'인데 번역하는 과정에서 '민수야, 힘내!'가 되었다. 아무래도 호두나무를 주변에서 흔히 볼 수 없으니 다른 제목을 붙였겠지만 조금은 아쉬운 마음이 든다. 민수가 작아지는 게 아니라 우리가 커져야 하는 것처럼 힘을 내야 하는 건 민수가 아니라 곁에 있는 어른들, 그리고 친구들이기 때문이다.

그림책을 펼쳐놓고 가만히 들여다보고 있으니 민수를 등에 업고 씩씩하게 나무를 타는 선생님만큼이나 호두나무도 참 튼튼해 보인다. 어쩌면 호두나무도 민수와 어린이들이 매달려도 끄떡없을 만큼 힘을 내고 있었을지 모르겠다.

우리 학교 각반 교실에는 침대가 있다. 하루 종일 휠체어에 앉아서 지내는 학생들이 잠시라도 몸을 편하게 누일 수 있도록 하기 위해서다. 학교 예산을 고려해 가장 단순한 기능을 가진 침대를 들여놓았는데, 몇 해 전에 양육자 중 한 분이 전동으로 높낮이를 조절할 수 있는 침대 한 대를 기증해주셨다. 침대에 누운 학생들을 돌보는 사람들의 허리 건강을 위해서는 전동 침대가 훨씬 좋다고 했다. 실제로 사용해보니 그렇게 좋을 수가 없었다. 그 뒤로 몇 해에 걸쳐 학교에 있는 침대를 모두 전동 높낮이 조절 기능이 있는 것으로 바꾸었다.

침대 기능이 좋기도 했지만 학생과 함께하는 교사의 건강을 걱정해주는 양육자의 마음이 반갑고 고마웠다. 한편으로 왜 진작에 이런 생각을 하지 못했을까 싶었다. 학교는 학생들을 위한 곳이라는 생각만 앞섰기 때문이었을 것이다. 특수교사에게 가장 중요한 덕목이 사랑과 희생이라는 말을 듣기 싫어하면서도, 어느새 그 말들에 길들여진 것도 같다.

양육자들도 마찬가지일 것이다. 장애가 있는 자녀의 양

육자를 소개할 때 항상 따라붙는 '희생과 사랑'이라는 말 앞에서 내 몸은 어떻게 되어도 좋다고 생각하는 분들이 얼마나 많을까. 하지만 정작 교사나 양육자의 몸이 상해버리면 학급의 학생들과 자녀가 가장 먼저 영향을 받을 수밖에 없다.

그러니 휠체어를 개발하는 분들께 부탁드리고 싶다. 당사자의 편리도 너무나 중요하지만 휠체어를 뒤에서 밀고, 접고, 트렁크에 실어야 하는 누군가의 편리도 함께 고려해주면 좋겠다고 말이다. 어린이들 휠체어를 밀어주려면 진짜 허리가 아프다. 여행용 가방, 하다못해 바퀴 달린 장바구니도 고객의 척추 건강을 고려해서 손잡이 높이를 조절하도록 디자인되는데 휠체어도 달라져야 하지 않을까.

무릎이나 허리가 아플 때 당장은 염증을 가라앉히는 치료가 중요하지만 장기적으로는 그 주변 근육의 힘을 길러야 염증이 재발하거나 인대가 다치지 않는 것처럼, 장애가 있는 어린이가 있다면 그 주변의 조직과 사람들이 함께 힘을 내주어야 한다. 어린이를 둘러싼 조직과 사람들이

굵고 튼튼해야 한다. 민수와 민수의 선생님 곁에서 목청껏 외쳤던 수많은 사람들과 같은 역할이 꼭 필요하다. 가정과 학교가 힘을 낼 수 있도록 더 많은 지원을 제공해야 한다. '힘내!'라고 외치는 것에 그치지 않고 더 많은 예산, 더 많은 사람이 함께 해야 한다. 어린이 바로 곁에 있는 양육자와 교사 뒤에서 든든하게 받쳐주는 지역사회와 교육당국의 힘이 꼭 필요하다.

어린이들과
외출하기

소위 지하철 역세권 주변에 살았지만 내가 지하철과 가까워진 건 대학에 입학한 다음이었다. 길눈이 어두워 목적지와 가까운 출구 찾기를 어려워하는 나로서는 장족의 발전이었다. 서울을 한 바퀴 도는 2호선을 따라 등하교를 하고, 아르바이트를 하러 가고, 친구들을 만나러 다녔다. 《나는 지하철입니다》김효은 지음, 문학동네, 2016를 보면서 나는 그 주변 풍경까지 떠올릴 수 있다.

비가 많이 내리던 대학 1학년의 어느 날, 을지로 3가역에서 환승하는 사람들에 떠밀려 열차와 승강장 사이로 다리가 빠져버렸다. 앞만 보고 가는 사람들 틈바구니에서 다리가 빠진 나를 발견하고 붙잡아 꺼내준 사람들이 있었던 덕분에 무사했지만 그 순간의 아찔했던 기억은 지금도 남아 있다. 그다음부터는 사람 많은 환승역을 떠올리면 겁부터 났다.

내가 다시 환승역을 그리워하게 된 건 대학을 졸업한 후였다. 그때는 서울에 위치한 특수학교들도 대부분 여기가 서울이 맞나 싶을 만큼 외진 곳에 자리 잡고 있었다. 게다가 내가 처음으로 근무를 시작한 학교는 소박한 내 기대에도 훨씬 미치지 못하는 곳이었다. 통학생이 따로 없는, 시설에 수용된 학생들을 위한 학교는 공기 좋고 산 좋고 물 좋은 곳에 자리 잡은, 조용하고 아늑한 곳이었는데 20대 초반의 나는 이곳이 몹시 답답했다. 출퇴근도 하고, 주말이면 도시 이곳저곳을 마음껏 누비고 다니는 나도 이런데 1년 365일을 이곳에서 지내는 어린이들의 마음은 어떨까 싶었다.

기대하는 마음으로 첫 방학을 맞이했는데 방학이라 더심심해진 아이들을 생각하니 마음이 편치 않았다. 궁리 끝에 우리 반 학생들을 한 명씩 집에 데려와 하룻밤 같이 자고 놀이공원이나 박물관에 다녀오는 일정을 계획했다.

내일부터 방학이니 학교에 오지 말라는 소리에 엉엉 울음을 터뜨리던 동식이하고는 신촌에서 〈라이온 킹〉 영화를 보기로 했다. 잠깐씩 서 있을 수는 있지만 주로 휠체어를 이용하는 동식이와 어떻게 서울 시내를 돌아다닐까 생각해보았다. 시설에서 서울까지는 셔틀버스로 이동하고 그다음부터는 지하철을 타기로 했다. 1994년이니 지하철에 리프트도 없던 때라, 친한 친구를 불러서 일정을 함께하기로 했다. 계단이 나오면 친구가 휠체어를 접어 들어 옮기고 나는 동식이를 안고 계단을 올라갔다. 한여름이어서 티셔츠가 땀으로 흠뻑 젖을 만큼 덥고 힘들었지만 동식이는 몹시 즐거워했다. 그때 같이 간 친구는 아직도 동식이가 활짝 웃던 모습을 기억한다. 나에게도 휠체어 이용자와 지하철을 함께 타본 첫 경험이었다. 늘 편하게 이용했던 이곳이 이토록 깊고 가파른 곳이라는 사실도 처음 알게 되었다.

첫 학교는 이밖에도 나에게 정말 많은 것을 가르쳐주었지만 한편으로는 늘 마음이 힘들었다. 내가 아무리 애를 써도 동식이는 지하철 타는 법을 배울 수 없고, 지역사회에서 살아가는 법을 배울 수도 없을 거라는 생각이 점점 커졌다. 방학맞이 체험만으로 도대체 뭘 가르칠 수 있을까 싶기도 했고, 시설 안에서 평생 살아야 한다면 그 배움은 무슨 의미가 있을까 싶기도 했다. 그런 고민이 점점 커져서 결국 학교를 옮겼다.

집에서 새로 근무하게 된 학교까지 가려면 신도림역에서 환승해야 했는데 다시 경험하게 된 환승역의 복잡함이 반가웠다. 당산철교를 지나며 바라보는 한강이 아름다운 줄도 그제야 알게 되었다.

우리 반 학생과 다시 지하철을 타본 건 2003년이었다. 순회학급 담임을 맡은 때였는데 영훈이와 연진이는 건강상의 이유가 아니라 집안사정 때문에 순회학급에서 교육을 받고 있었다. 두 학생의 집이 서로 가까운 데다 부모님끼리도 잘 알고 지내는 사이여서 가끔은 공원에서 만나 같이 수업을 했다. 집에서 지내는 시간이 많아서인지 어디든 밖으로 나가자고 하면 둘 다 좋아서 어쩔 줄 몰랐다. 연진이는 책이라면 무조건 밀어내버리고 하품하는 학생이었는데 밖에 나가면 눈을 반짝이며 좋아했다. 평소에도 눈이 오나 비가 오나 집에서 가까운 전철역까지 하루에 한 번은 꼭 다녀와야 직성이 풀린다고 했다. 연진이는 왜 그렇게 지하철역을 좋아했을까. 직접 타본 적은 없지만 지하철역으로 들어가고 나오는 사람들의 모습을 보면서 어딘가로 떠나는 자신을 떠올린 건 아니었을까.

내가 담임하는 동안에 꼭 한 번은 지하철을 같이 타봐야겠다 싶어서 대학로 전시를 보고 올 계획을 세웠다. 그 사이 지하철에 휠체어 리프트가 생겼다고 하니 조금은 편하게 이동할 수 있을 것 같았다. 이번에도 친구에게 도움을 부탁했고, 두 학생과 함께 길을 나섰다.

하지만 휠체어 두 대를 끌고 지하철로 이동하는 일은

너무 어렵고 힘들었다. 빠르고 정확한 지하철로 진작 목적지에 도착했을 그 시간에 나는 요란한 소리를 내며 느릿느릿 계단을 오르내리는 휠체어 리프트 옆을 지켜야 했다. 그것도 매번 두 번씩이나 말이다. 휠체어 리프트가 없는 환승통로도 있어서 주변사람들의 도움을 받아 휠체어를 통째로 들어 옮기기도 했다.

그 뒤로 한동안 지하철로 현장체험학습을 갈 생각을 못하다가 2006년에 다시 한 번 도전해보기로 했다. 보호자들의 요청 때문이었다.

처음 계획을 세울 때는 보호자들을 원망하는 마음도 조금 있었다. 평소에는 아이를 꽁꽁 싸맨 채 자가용으로 학교와 치료실, 집과 병원만 이동시키면서 왜 교사들에게는 여기저기 데려가 달라고 요구하는지 모르겠다는 마음이 들었다.

그러던 어느 날, 함께 소풍을 다녀오는 길에 보호자의 속 이야기를 조금 듣게 되었다. 혼자 자녀를 데리고 가면 사람들 시선 때문에 불편한데 학교차를 타고 선생님들하고 같이 오면 마음이 한결 편하다고 했다.

학생들과 함께 지하철을 타고 인사동으로 현장학습을 다녀오고 나서야 보호자들의 불편한 마음이 어떤 것인지 조금 더 잘 알게 되었다. 그동안 세상은 아주 조금 더 좋아져서 엘리베이터를 타고 역사에 들어가 지하철을 탈 수 있었다. 이번에는 환승구간에도 엘리베이터가 설치되어 있는지 사전답사를 꼼꼼하게 하고 출발했다. 2003년에 견주면 이동시간도 오래 걸리지 않았다. 물론 우리 학교에서 인사동까지는 버스를 타는 편이 좋았지만 그때는 저상버스 수가 너무 적어서 언제 버스를 탈 수 있을지 예상할 수 없었다.

그날 현장학습에서 가장 불편한 건 사람들의 시선이었다. 사전 답사로는 전혀 예상하지 못했던 일이었다. 흘끔거리거나 빤히 보는 사람들도 있었고 날 보고 아이 엄마냐고, 몇 살에 애를 낳았냐고 묻는 사람도 있었다. 처음 경험하는 낯선 풍경에 놀라서 칭얼대는 학생을 보고는 이렇게 아픈 애를 왜 데리고 나왔냐고 나무라듯 말하는 사람도 있었다.

"저는 이 학생의 담임이고 인사동으로 현장체험학습을 가는 길입니다." 얼른 대꾸하고는 학생에게 말을 거는 것으로("민지야, 네가 자꾸 소리를 내니까 할머니가 너 아픈 줄 알고 뭐라 하시잖아. 우리 지하철 처음 타보는 거 티내지 말자. 응?") 불편한 상황을 피해보았지만 그날의 불편했던 마음은 오랫동안 남아 있었다. 자녀와 함께 세상 밖으로 더 멀리, 더 자주 나가라던 내 말이 얼마나 가벼웠는지 깊이 반성했다. 사람들의 시선을 바꿔가는 노력도 내가 할 일 중 하나임을 잊지 않겠다고 생각했다.

그 뒤로도 학생들과 지하철을 타고 버스를 타고 현장체험학습을 갔지만 손가락으로 꼽을 정도밖에 안 된다. 학교 버스를 이용하는 것보다 시간은 더 걸리고 몸도 힘든 데다 신경 써야 할 일도 훨씬 많기 때문이다. 그래도 1년에 딱 한 번씩이라도 그런 기회를 만들어보려고 애를 쓰는 까닭은 지금이 아니면 아예 기회가 없을지도 모르기 때문이다.

2016년 겨울, 춘천에 있는 교육대학원에서 아동문학을 공부할 때 《나는 지하철입니다》를 만났다. 익숙한 지하철 풍경 속에 있는 다양한 사람들의 모습이 인상적이어서 같이 공부하던 선생님들께 소개했다.

그런데 강원도 횡성에 위치한 분교에 계시는 선생님이 "우리 학생들은 지하철을 타본 적이 없어서"라며 고개를 갸웃하는 게 아닌가. 강원도 쪽 학교에 근무하는 선생님 몇 분이 고개를 끄덕였다. 이 그림책을 반가워할 수 있었던 건 내가 그 지하철을 타본 경험이 있기 때문이었던 거다. 물론 그 학생 중 누군가 이번 방학에 서울로 여행을 가서 지하철을 타볼 계획이 있다면 이 그림책을 흥미진진하게 감상할 수도 있을 것이다. 하지만 늘 지하철역 입구까지만 갈 수 있었던 연진이처럼 그림책 속 풍경을 좀처럼 만나기 어려운 사람들도 있다.

다시 그림책을 넘겨본다. 첫 등장인물은 합정역에서 출발한다. 우리 학교에서 가장 가까운 지하철역과 불과 세

정거장 떨어진 곳이지만 우리 학교 학생들은 합정역 내부 모습을 잘 모른다.

자가용을 타거나 학교 버스를 타고, 아니면 장애인 콜택시를 타고 서울 시내를 가로지르며 학교와 병원, 치료실과 복지관을 수도 없이 다녔겠지만 지하철을 타고 어딘가로 가는 일은 여전히 너무 어렵고 힘들기 때문이다.

2021년부터 시작한 전국장애인차별철폐연대의 지하철 타기 투쟁은 해를 넘겨가며 계속 이어지고 있다. 2002년 장애인의 날 즈음에 지하철 선로에 쇠사슬을 묶고 농성하는 영상을 보며 안타까워했는데 20년이 지난 지금도 지하철 타기 투쟁은 계속되고 있다. 달라진 점이 있다면 그 현장영상에는 2002년에 보았던 사람들뿐 아니라 초임 시절 가르쳤던 제자들의 모습도 보인다는 점이다.

강산이 두 번 바뀌고 내가 쓰는 휴대전화나 도시 모습은 엄청나게 달라지고 편해졌는데 휠체어로 지하철을 타고 어딘가로 가는 일은 여전히 너무 어렵다. 지하철 엘리베이터 수는 늘어났지만 모든 역과 환승구간에 설치된 것은 아니어서 여전히 다른 경로를 찾아 돌아가고 기다리느라 시간을 보내야 한다. 게다가 지하철 타기 투쟁을 보도하는 기사에 달린 혐오와 조롱의 댓글들은 20년 전보다 훨씬 더 많아졌다.

2016년에 나온 그림책을 다시 펼쳐본다. 휴대전화와 선으로 연결된 이어폰이 어색하게 느껴질 만큼 시간이 흘렀음을 실감한다. 조금 더 시간이 지나면 옛날이야기처럼 보일까.

열차 안에 유모차나 휠체어가 한 대도 없다니 너무 옛날 그림책이네, 하며 이 그림책을 펼쳐볼 수 있는 날이 곧 오기를 간절히 기다린다.

우리가 같이
버스를 탄다면

　　　　　　　　　　나는 버스와 지하철 중에서 버스를
더 좋아한다. 대개 정류장에서 목적지까지의 거리가 짧기
도 하고, 바깥 경치들을 보면서 가는 게 좋기 때문이다. 지
하철의 답답한 실내공기와 소음은 늘 사람을 긴장하게 하
는 데다 깜빡 잠이라도 들었다가는 여기가 도대체 어디지,
하기 일쑤인 이유도 있다. 버스는 정류장을 놓치면 기사님
에게 물어볼 수도 있고, 미리 어디에서 내려달라고 부탁할
수도 있고, 다 내리기도 전에 문을 닫아버릴까 봐 걱정하

지 않아도 된다. 여차하면 "기사님!" 하고 우렁차게 외치면 되니까 말이다.

하지만 지역사회에 나가 생활하는 제자들은 버스보다 지하철이 편하다고 말한다. 저상버스 이용이 불편하다는 것이다. 자기를 빤히 보고도 모르는 체하는 것도 불쾌하고, 저상버스가 언제 올지 모르는 것도 불안하고, 오랜만에 도착한 저상버스가 혹시 자신을 태우지 않고 그냥 지나쳐버릴까 걱정하는 것도 불편하다고 했다.

제자들이 버스를 잘 타지 않는 이유가 하나 더 있다. 지하철과 달리 버스요금은 장애인 할인이 없다. 돈도 똑같이 내는데 배차 시간도 불규칙한 데다 불편하기까지 하니 차라리 장애인 콜택시를 타자는 마음일 것이다.

처음 우리 반 어린이들과 버스를 탄 건 무려 23년 전 일이다. 당시 우리 반은 모두 다섯 명이었는데 휠체어를 타는 어린이가 하나, 평소에는 휠체어를 타지만 보행기를 밀면서 걸을 수 있는 어린이가 둘, 걸을 수 있는 어린이가 둘이었다. 다섯 명의 어린이들과 신촌의 백화점에서 열리는 세밀화 전시를 보러 갈 계획을 세웠다. 저상버스도 없던 시절이었지만 대학생 자원봉사자들이 있어서 가능한 활동이었다.

버스 정류장에서 기다리다가 먼저 기사님께 양해를 구하고 어린이들을 버스에 태웠다. 휠체어를 탄 어린이는 초등학교 3학년치고는 체구가 작은 편이어서 먼저 안아서 버스 의자에 앉게 하고 휠체어만 따로 들어 올려 버스에 실었다. 그날 버스 창밖을 내다보며 즐거워하던 학생들 모습이 생생하다.

그 뒤로도 틈만 나면 버스를 타고 놀러 나갔다. 여간해서는 그 틈이 생기지 않는 게 문제라, 1년에 한 번도 못 간 해가 더 많긴 하다. 학생들과 일대일로 움직일 지원인력을 구하는 게 가장 큰일이어서, 모든 인맥을 총동원하거나 학생들의 결석이 많은 날을 노려서 다녀오기도 했다.

최근에도 어린이들과 저상버스를 타고 근처 공원에 다

녀왔다. 학교에서 공원 방향으로 가는 버스는 출근시간이 지나고 나면 매우 한가하기 때문에 여러 명이 버스를 타도 크게 복잡하지 않았다. 기다리던 버스가 왔다. 기사님에게 리프트를 내려달라고 했는데 기사님은 당황한 듯 리프트를 엉뚱한 곳에 애매하게 내려주었다. 휠체어로 혼자 이동해야 하는 사람이라면 버스에 올라가지 못했을 것이다. 다시 내려달라고 하려다가 앞바퀴를 살짝 들어서 버스에 올랐다. 그런데 이번에는 휠체어 좌석 정리를 안 해주었다. 원래는 장애인석 의자를 들어 올리고 빈공간으로 휠체어를 이동한 다음, 브레이크를 잠가서 버스가 움직일 때 휠체어가 움직이지 않도록 해야 하는데 기사님은 운전석에서 일어날 생각이 없어 보였다. 어차피 몇 정거장 안 가서 금방 내릴 테고 버스 안에 손님도 없는 터라, 휠체어 브레이크만 잠그고 통로에 자리를 잡았다.

어른들이 모두 자리에 앉고 버스가 한 정거장쯤 달린 뒤에야 아직 요금을 내지 않은 걸 깨달았다. "기사님, 초등학생 두 명, 어른 두 명이요!" 하고 외치니 기사님은 말없이 다인승 결제를 해주었다. 평소에는 우렁차게 "요금 내셔야죠!"를 외치는 기사님이실 텐데 갑작스러운 휠체어 무리의 등장에 당황해서 말수가 줄어든 것처럼 보였다.

그래도 내릴 때는 편안한 위치에 리프트를 내려주었고, 덕분에 공원 나들이를 신나게 잘할 수 있었다. 돌아오는 길에는 어린이들과 함께 버스 정류장에서 버스노선표를 살펴보고 도착시간을 알리는 전광판 읽는 법 등을 설명해주며 버스를 기다렸다. 기다리던 버스가 와서 보니 아까 우리를 태워주었던 기사님이 운전석에 앉아 있었다. 이번에는 탑승하기 좋은 위치에 버스 리프트를 내려주었고, 요금도 바로 확인해주었다. 이번에도 장애인석 의자를 치워주지는 않았지만 버스에 다른 손님이 없었으니 아무래도 괜찮았다. 우리가 자리를 잡으니 기사님이 먼저 "아까도 이 버스 타셨죠?"라며 반갑게 인사를 건넸다. 우리도 "안녕하세요." 하고 인사를 건넸다. 버스의 좋은 점 중 하나다. 서로 얼굴을 보며 인사할 수 있고, 긴 이야기를 나누지 않더라도 낯선 사람과 조금 다른 연대감을 느낄 수 있다.

집 근처에 성인 발달장애인들을 위한 직업훈련기관이 있다. 덕분에 집 앞 정류장에서 그분들이 버스를 타고 출퇴근하는 모습을 종종 본다. 늘 같은 시간에 버스를 이용하는 한 분은 비슷한 시간대에 정류장에서 마주치는 사람들에게도 "안녕하세요!" 하고 인사를 건넨다. 버스를 타면서는 더 씩씩한 목소리로 인사를 한다. 기사님도 반갑게 인사를 받아주고, 가끔은 나도 그분에게 먼저 인사를 건넨다.

휠체어를 타는 우리 반 어린이들이 날마다 버스로 등하교를 한다면 어떨까. 다른 사람들과 반갑게 인사하는 사이가 될까, 아니면 등하교시간은 복잡하니 다른 교통수단을 이용하라는 말을 듣게 될까. 학교 교육과정에 버스 타기나 지하철 타기를 체험활동으로 포함시키는 이유는 앞으로 버스나 지하철을 타고 출근도 하고, 친구 집에도 가고, 전시장도 가고, 쇼핑도 가기 위해서일 텐데 우리 어린이들은 너무나 자주 '왜 하필이면 이 복잡한 시간에 대중교통을 이용하느냐'는 눈총을 견뎌야 한다. 그나마 체험학습 때는 교사가 왜 이런 활동을 하는지 설명하면 그래도 이해를 해주는 편이다. 하지만 실제 삶에서는 어떤가. 지하철 출퇴근이 어려워 일자리를 포기하는 경우도 많은 것이 현실이다.

생각해보면 우리 학생들에게는 뭐든 체험까지만 허락하고, 진짜 삶은 거부하는 건 아닌가 싶을 때가 많다. 하지만 모든 체험학습은 그것이 삶이 될 수 있다고 가정하고 배우고 가르쳐야 하는 게 아닐까. 학교에서 체험한 것들이 삶으로 이어지려면 무엇이 더 필요할까. 누가 더 노력해야 할까.

언젠가 어린이들과 함께 직업체험을 하는 유명 테마파크에 다녀온 적이 있다. 어린이들과 지원인력을 일대일로 짝지어서 원하는 직업체험을 해보기로 했고, 나는 전체 인솔 지원으로 창밖에서 어린이들이 활동하는 모습을 지켜보았다. 또래의 다른 어린이들과 자연스럽게 같이 활동할 수 있는 기회라서 내심 기대하는 마음이었는데 그 기대는 첫 번째 체험에서부터 어긋났다.

투명인간 취급이 이런 거구나 싶었다. 비정규 직원인 안내요원은 우리 학교 어린이들과 눈도 맞추지 않았고, 활동지나 준비물을 건넬 때도 함께 간 지원인력에게 건넸다. 이런 곳에서의 활동지원 경험이 많지 않은 분들은 쭈뼛거리며 어린이들 사이로 적극적으로 들어가지 못했다. 창밖에서 지켜만 보고 있자니 화가 나고, 억울하기도 했다. 어쩌면 이럴까 싶었다.

나중에 학교로 돌아와 교사들끼리 모인 자리에서 이야기를 나누었는데 몇몇 선생님은 나와 비슷한 생각이었다고 했고 몇몇 선생님은 반대 경험을 이야기해주었다. 시력이 좋지 않아 평소 곁에 있는 사람에게 마구 들이대는 어린이가 있었는데 바로 옆에 줄서 있던 어린이가 "너는 몇 학년이니?" 하며 먼저 말을 걸어주었고, 지원해주는 어른 없이 체험장에 혼자 들어갔는데도 다른 어린이들과 함께 모든 활동을 훌륭하게 해냈다는 것이다.

선생님은 이런 게 자연스러운 통합이 아니겠냐고, 오늘 이곳에 온 다른 어린이들에게도 좋은 경험이 되었을 거라고, 이런 체험활동을 해마다 하면 좋겠다고 했다.

같은 곳에서 전혀 다른 경험담이 오가는 것을 지켜보며 양육자들이 자녀들과 지역사회에서 겪는 경험 차이도 비슷하겠다 싶었다. 자녀가 투명인간 취급을 받는 모습에 가슴이 아프기도 할 것이고, 가끔은 다정한 이웃을 만나기도 할 것이다. 그러니 속상한 경험이 당사자와 가족을 주눅 들게 하더라도 한 번 더 부딪혀보면 좋겠다는 생각을 했다. 나도 다음에 직업체험 테마파크에 가게 된다면 지원해주시는 분들과도 미리 이야기를 나누어서 우리 학교 어린이들이 투명인간 취급을 받지 않도록, 좋은 경험을 할 수 있도록 해봐야겠다.

《아빠와 호랑이 버스》 국지승 지음, 창비, 2023에는 호랑이를 좋아하는 선아가 아빠와 버스를 타고 멋진 경험을 하는 이야기가 담겨 있다. 어린 시절의 나는 아버지가 운전하는 차를 타고 여기저기 다니곤 했는데, 지금 생각해보면 같이 대중교통을 이용하는 시간이 많았어도 좋았겠다 싶다.

버스를 타고 어딘가로 가는 동안 우리는 낯선 사람들을 만나기도 하고, 자리 하나를 두고 서로 양보하고 양보 받기도 하면서 예절을 배워간다. 꽉 막히는 도로상황에 애를 태우기도 하고, 버스전용차선 위를 달리며 상쾌한 기분을 경험하기도 한다. 그게 버스의 매력이고 인생의 매력이 아닐까.

앞으로도 틈만 나면 어린이들과 버스를 타보려고 애쓰겠지만 가정에서도 자녀들과 틈날 때마다 버스를 타보면 참 좋겠다. 특히 집 앞을 지나가는 버스를 타고 갈 수 있는 곳을 몇 군데 정해놓고 정기적으로 가보면 좋겠다. 최소한 학급 단위로 움직여야 하는 학교에서는 할 수 없는 일이라 간곡하게 부탁드린다. 그리고 휠체어를 탄 어린이들뿐 아니라 유모차를 탄 어린이들, 보행보조기를 이용하는 어르신들도 버스를 더 자주 타면 좋겠다. 인구의 고령화가 피할 수 없는 현상이라면 버스 계단을 오르기 어려운 사람들은 지금보다 훨씬 많아질 것이다. 더 늦기 전에 마을버스도, 시내버스도, 광역버스도 모두 저상버스로 바뀌어야 한다. 언젠가는 나도 저상버스가 아니면 버스에 오르기 힘들어지는 날이 올 것이다. 그때는 저상버스 도입을 위해 아스팔트 위에서 온몸으로 싸워온 사람들에게 깊이 감사하며 버스를 타고 여기저기 즐겁게 다니고 싶다.

눈높이
맞추기

　　　　　사춘기를 겪던 무렵부터 어머니는 종
종 나를 보고 "이해할 수가 없다!"며 한숨을 쉬셨다. 그 말
을 들을 때마다 나야말로 부모님을 이해할 수 없다고 생각
했다. 어린 시절을 살아봤으면서 왜 자식 마음 하나 이해
하지 못하고 나를 이렇게 괴롭게 만드나 원망하는 마음이
더 컸다.

　시간이 흘러 나이를 먹고 나니 그때 그 시절 어머니가
겪었을 혼란과 어려움이 이해된다. 나는 어린이를 잘 이

해하는 어른이 될 거라고 자신하고 다짐했는데, 어린이들의 마음을 이해하는 게 아직 살아보지 않은 윗세대의 마음을 상상하는 것보다 훨씬 어렵다. 그중에서도 내가 낳은 내 자식이 가장 어렵다. 다만 과거의 기억을 떠올려 내 아이 앞에서 대놓고 한숨을 쉬지는 않는다. 그래봤자 "엄마는 아무것도 모르잖아!" 하는 말을 듣는 처지지만 말이다. 나 혼자 그런 고민을 하는 것은 아닌 모양인지 '요즘 애들'은 선진국에서 나고 자라서 개발도상국에서 나고 자란 부모가 이해하기 어려운 거라는 말도 들어보았다.

어른은 어린이를 이해하기 어렵고 어린이는 어른을 이해하기 어려우니 그냥 그렇게 묻어두자고 해야 하나. 하지만 그럴 수는 없다. 왜냐하면 여러 가지 면에서 어른은 힘을 가지고 있기 때문이다. 어른에게 이해받지 못한 어린이는 건강하게 성장할 수 없다. 그냥 어린이가 해달라는 대로 다 해주자는 말이 아니다. 권력을 가진 어른들이 지금 내 곁에 있는 어린이의 마음이 어떤지, 어떤 생각을 하고 있는지 이해하려고 노력하자는 이야기다.

어린이의 눈높이에서 바라보는 것도 그 노력 중 하나일 것이다. 어린이의 눈높이에서 뭐가 보이는지 살펴보지 않으니 어른들 키에 맞춰놓은 공공시설에서 이런저런 안전사고들이 발생한다. 수업 중에 교실 의자에서 잠시도 가만히 앉아 있지 못하는 어린이를 잘 관찰해보면 어린이의 발이 바닥에 닿지 않는 경우가 많다. 물리적인 높낮이를 조정해야 하는 것처럼 지금 어린이들이 살고 있는 문화와 역사를 고려하고, 어린이들의 인지, 정서적인 발달도 함께 고려해야 한다.

장애를 가진 사람과 장애를 가지지 않은 사람 사이에도 이런 어려움이 존재한다. 같은 시대를 살고 있다고 하지만 전혀 다른 몸을 가지고 다른 환경 속에서 살아가고 있으니 서로 이해하기가 쉽지 않다. 어른과 어린이의 관계처럼 장애를 갖지 않은 사람이 더 많은 힘을 가지고 있다보니 장애를 가진 어린이는 여러모로 불리한 처지에서 살아가는 셈이다.

장애를 가진 어린이의 처지에서 생각해보려고 나름대로 이런저런 궁리를 한다. 눈높이를 맞춰보려고 바닥에 엎드려 어린이랑 같이 기어보기도 한다. 어른인 나는 몸이 무거워서 팔꿈치가 엄청 아프다. 그러니 기어가기 싫어서 꾸물대는 어린이가 있다면 체격이 좀 큰 아이일 가능성이 크다. 게을러서가 아니라 진짜로 팔도 아프고, 힘을 주어도 쉽게 앞으로 나가지 않아서 하기 싫어한다는 걸 내가 직접 해보고 나서야 알았다.

휠체어를 미는 것도 그랬다. 전동휠체어 연습을 하는 어린이들에게 툭하면 앞 좀 잘 보고 다니라고, 천천히 다니라고 잔소리를 했는데 직접 전동휠체어를 타고 움직여보니 내가 생각했던 것보다 훨씬 어려웠다. 컨트롤러의 반응 속도에 익숙해지기까지 시간이 걸리는 탓에 어린이들은 답답할 때도 있고 때로 무섭기도 할 것이다. 이때 옆에서 계속 잔소리하는 어른이 있다면 어린이는 더 긴장하고 자신감이 없어질 것이다.

왜 걷는 연습을 열심히 하지 않느냐는 얘기도 아주 흔

한 잔소리 중 하나다. 그런데 다리를 다쳐보니 그 마음을 조금 알 것 같았다. 다리도 아프고, 내 마음대로 잘 되지도 않는데 걷는 게 재미있을 리가 없다. 열심히 연습해야 한다고 하지만 아무리 애를 써봐도 장애가 없는 아이들처럼 잘 걸을 수 있는 것도 아니다. 그러니 그저 지겹고 하기 싫어질 때가 많을 것이다.

공부시간에도 그렇다. 같은 학년 같은 반에서 공부하지만 어떤 어린이는 쉽게 답을 알아내는 반면, 어떤 어린이는 아무리 힌트를 줘도 답을 알아내지 못한다. 내 옆에서 쉽게 대답하는 친구를 오래 지켜보다 보면 나중에는 그냥 입을 다물고 싶어지지 않을까. 학창 시절을 되돌아보면 나 역시 어려운 과목일수록 더 공부하기 싫었고 결국 몇몇 과목은 포기했다.

물론 휠체어를 타보고, 잠시 눈을 감거나 입을 다물어보는 것만으로 장애를 가진 어린이의 마음을 제대로 이해했다고 말할 수는 없다. 그래도 아주 조금은 도움이 되는 듯도 하다. 휠체어 바퀴 빨리 밀기를 연습할 때는 내가 앞장서서 걸어가는 것보다 곁에서 같이 휠체어를 타고 낑낑대고 있으면 휠체어에 앉은 어린이 몸이 앞으로 나아가려고 조금 더 애를 쓰는 듯하다. 두 다리로 앞서가는 교사는 처음부터 따라잡을 생각을 안 하게 되지만, 휠체어를 타고 낑낑대는 교사는 좀 따라잡을 만하다고 생각하는 게 아닐까.

손가락 움직임이 둔하고 근육 경직도 있는 어린이들은 밥을 먹을 때도 어려움이 있다. 숟가락을 쥐는 것도 어려운데 숟가락에 음식을 담아서 입까지 가져가는 일은 더 어렵다. 왼손으로 주먹을 쥐듯 숟가락을 감싸고 식판에 있는 밥을 먹어보면 알게 된다. 식판은 자꾸 움직이고, 밥을 숟가락에 담기도 어렵다. 아주 가끔 일부러 보란 듯이 어린이 앞에서 왼손으로 숟가락을 감싸 쥐고 밥을 먹어본다. 나를 보고 따라하라고 그럴 때도 있지만 실제로 해보면 밥을 어떻게 담아주면 좋을지, 반찬은 어떤 크기로 잘라주는 게 좋을지 알게 된다.

기도삽관을 했던 흔적이 남아 있는 어린이를 가르칠 때 일이다. 목에 있는 구멍이 저절로 아물 때까지 지켜보는 중이라서, 어린이는 목 부분에 넓은 붕대를 대고 그 위에 넓은 반창고를 붙이고 학교에 왔다. 그런데 한 번씩 기침을 하면 채 아물지 않은 구멍에서 분비물이 나와 반창고가 떨어져버렸다. 그럴 때는 목 주변을 소독하고 다시 반창고를 붙여야 하는데 뭐가 마음에 안 드는지, 어린이는 그때마다 싫다고 몸부림치며 눈물 콧물을 쏟았다. 애써 붙인 반창고도 기를 쓰고 떼어내려고 해서 애를 먹었다.

그 어린이와 하루에도 서너 차례 실랑이를 했다. 그런데 집에서는 아주 얌전하게 앉아 반창고를 붙인다는 게 아닌가. 학교에 상주하는 간호사 선생님하고도 시간은 좀 걸렸지만 얌전히 잘하는 편이었다. 문제는 담임교사나 다른 교과교사가 급하게 반창고를 붙여줄 때였다. 수업시간에 반창고가 떨어지면 다른 이물질이 들어가 감염될까 싶어 교사들은 신경이 곤두서는데 학생은 마냥 싫다고 울며 몸부림치는 상황이 반복되었다.

그때 내가 담당한 과목은 체육이었는데 반창고가 떨어질 때마다 수업을 뒤로하고 어른 두어 명이 달려들어 어린이 한 명을 어르고 달래며 처치를 했다. 한번 반창고가 떨어지려고 하면 보건실로 가는 동안에도 자꾸 만지려 했기 때문에 보건실로 보내는 것도, 교실에서 빠르게 처치하는 일도 늘 어려웠다. 이런저런 궁리를 하다가 하루는 반창고 하나와 수건을 주머니에 챙겼다. 그리고 학생이 손을 목으로 가져가는 순간 얼른 학생 손을 잡고 다른 한 손으로 반창고를 꺼내 내 목에 붙였다. 그런 다음 잘 붙여달라고 부탁하니, 학생은 순순히 내 목에 반창고를 붙여주었다.

고맙다고, 잘했다고 칭찬해주고 네 목에 있는 것도 잘 붙여놓으라고 손짓으로 일러주었다. 그랬더니 가만히 제 목에 있는 반창고를 가다듬는 게 아닌가. 집과 보건실에서는 잘하면서 유독 교실에서는 안 하려고 했던 어린이만의 이유를 어렴풋이 알 것도 같았다. 세균이니 이물질이니 감염이니 하는 이해하기 어려운 말은 모르는 척 접어두고 그저 자기 혼자 불편한 반창고를 붙이고 있기가 싫었을 것이다. 나는 이틀 정도 목에 수건을 두르고 다녔는데 신기하게도 그 뒤로는 어린이가 내 앞에서 일부러 반창고를 떼는 모습을 보지 못했다.

아주 예전 일이지만 일주일에 한 번씩 이웃 학교로 공부하러 가던 어린이가 보조기를 안 신겠다고 떼를 써서 애를 먹은 적이 있다. 늘 신고 다니던 보조기를 어느 날 갑자기 안 신겠다니 도대체 무슨 일인가 싶었는데, 알고 보니 이웃 초등학교 어린이들이 보조기를 신기해했던 모양이다. 이웃 초등학교 어린이들은 그냥 궁금해서 물어본 것이겠지만 우리 반 어린이는 그 교실에서 자기만 보조기를 신는 게 싫었던 것이다.

두 어린이 모두 말로 의사표현을 하지는 못했다. 표정과 몸짓으로, 울고 떼를 쓰면서 자기 생각을 표현한 거였다. 그때마다 나는 그저 울지 말라고 어르고 달래기에 바빴고 왜 반창고를 붙여야 하는지, 보조기를 왜 신어야 하는지 설명하려고만 들었다. 나는 자신에게 꼭 필요한 것을 왜 안 하겠다고 하는지 이해하기 어렵다고 생각했는데 어린이들은 자신들의 마음을 이해하지 못하는 나 때문에 답답하고 속이 탔을 것이다.

이렇게 어설프게라도 아이의 마음을 조금 읽어냈다고 얘기할 수 있는 경험은 사실 매우 드물다. 그래서 두고두고 기억하면서 이렇게 기회만 있으면 떠들어대곤 한다. 사실 대부분의 시간은 여전히 장애가 없는 어른의 말과 행동을 보여주며 잘 보고 따라하라고 한다. 잘 따라하지 못하면 손을 잡고 도와주거나 그냥 재빠르게 다 해결해주기도 한다. 그런 경험이 쌓이다 보니 스스로 해보려고 노력하기보다는 그냥 누군가 도와주기를 기다리는 게 아닐까 생각해 본다.

다음으로 내가 하는 노력은 장애를 가진 어린이였지만 지금은 어른이 된 사람들에게 어린 시절 이야기를 듣는 것이다. 어린 시절을 어떻게 보냈는지, 언제 속상했고, 언제 기뻤는지 물어보기도 하고 그런 이야기가 담긴 책들을 찾아 읽기도 한다. 장애를 가진 다른 어린이나 청소년들의 얘기는 그래서 매우 소중하다. 똑같은 마음은 아니겠지만 지금 내 앞에 있는 어린이를 이해하는 소중한 단서가 되어주기 때문이다. 물론 장애를 가졌다고 해서 모두가 한마음은 아닐 테니 서로 다른 점도 분명히 있겠지만, 그래도 참고자료가 되어줄 수는 있지 않을까.

주인공들이 나와 다른 누군가의 느낌을 궁금해하는 그림책 《어떤 느낌일까?》 나카야마 치나츠 글, 와다 마코토 그림, 장지현 옮김, 보림, 2006는 비장애인의 장애인 체험이 유행이던 시절에 만난 책이다. 장애를 가진 어린이가 주인공인 이야기라 더 관심이 갔다.

동그랗고 하얀 얼굴의 히로는 앞을 보지 못하는 친구 마리를 생각하며 잠시 눈을 감아보고 소리를 듣지 못하는 사노를 생각하면서 귀마개를 해본다. 또 지진으로 부모를 잃은 키미가 쓸쓸하지 않을까 궁금해 직접 물어보기도 한다. 키미는 꼭 그렇지는 않다고 대답하면서 자기는 히로는 어떤 느낌일까 궁금해서 하루 종일 꼼짝도 안 하고 지내보았다고 얘기한다. 다음 장에서 동그란 얼굴만 보이던 히로가 등받이가 높은 휠체어에 폭이 넓은 안전띠를 하고 앉아 있는 모습이 보인다.

히로의 이야기는 언뜻 장애체험과 비슷해 보이지만 확실히 다른 부분이 있다. 나와 다른 누군가의 장애나 상실을 경험하는 것이 아니라 이미 나와 함께 살아가는 친구를 이해하려는 과정이라는 점이다. 그래서 히로와 키미의 체험은 단 한 번으로 끝나지 않고 대화로 이어진다.

한 번의 체험보다 직접 만나서 묻고 답하면서 두 사람 모두 자신을 표현하는 법을, 친구를 이해하는 법을 배워갈 것이다. 그리고 이 경험은 다음에 다른 친구를 만났을 때도 좋은 지침이 되어줄 것이다.

최근에는 장애체험이 오히려 문제라는 얘기가 나온다. 일리가 있는 지적이라고 생각한다. 평소에는 관심도 없다가 갑자기 한 시간 정도 눈을 감고 길을 걷거나, 휠체어를 타고 동네 한 바퀴를 돌아보는 것으로 장애를 가지고 살아가는 사람의 삶을 경험하는 건 당연히 불가능하기 때문이다. 게다가 사회의 구조나 차별이 아니라 개인의 문제를 경험하는 활동은 장애의 원인을 불행한 개인의 문제로 바라보게 만들 수도 있다.

나 역시 가끔 휠체어를 타보고, 왼손으로 밥을 먹어보고, 바닥에 누워서 집안 곳곳을 굴러다녀보고, 알아들을 수 없는 외국어만 나오는 영상을 보면서 우리 반 아이들의 마음을 이해해보려고 노력한다. 그렇게 이해한 것을 바탕으로 어린이들의 자발적인 움직임과 배움을 끌어내보려고 애를 쓴다. 하지만 그것만으로는 부족할 것이다.

30년째 장애를 가진 어린이들을 만나면서 좋은 점은 장애를 가진 어린이들에게 들은 이야기들이 많다는 것이다. 어린이가 내게 했던 말을 너무 늦게 알아차리는 경우도 많고, 어린이들이 눈빛으로, 몸으로 하는 이야기들을 당시에는 놓치고 있다가 나중에 다른 어린이의 표정을 보고 뒤늦게 무릎을 치기도 한다. 양육자들에게 오랜 교육 경력을 무기처럼 내세우기도 하지만 한편으로는 그럼에도 불구하고 이해할 수 없는 부분이 많다는 걸 늘 잊지 않으려고 한다.

내 앞에 있는 어린이가 보내는 작은 신호에도 귀를 기울이고, 과거와 현재의 어린이들, 장애가 있거나 없는 어린이들이 들려주는 여러 이야기에 관심을 가지려고 노력한다. 하루 종일 읽고 듣고 보았던 것들을 곰곰 생각하다보면 내가 고민했던 한 아이의 느낌이 무엇인지 살짝 알 것 같은 순간들이 찾아오기도 한다. 그러니 나도 히로처럼 생각에 잠겨보기로 하자!

실수투성이 교사를 위한 변명

처음 내가 특수교사가 되고 싶다고 했을 때 아버지는 역시 우리 딸이라며 자랑스러워하셨지만 어머니는 코웃음을 치며 반대하셨다. 제 앞가림도 못 하는 주제에 누굴 돌보겠냐는 이유에서였다. 당시에는 어머니가 어떻게 딸의 꿈을 저렇게 비웃나 싶었는데 사실 어머니의 염려는 아주 합리적이었다. 삼남매 중에서도 가장 덜렁대고 평소 집안일이나 돌봄 따위는 나 몰라라 하던 딸이 대학에서 특수교육을 전공하겠다니 어이없는 게 당연했다.

어머니의 소원은 너 같은 딸 낳아서 키워봐, 였는데 그 기도가 이루어졌는지 딸들은 나를 닮았다. 먹고 난 그릇, 벗어놓은 양말이 여기저기 널부러져 있어도 아무 소리 못 하는 건 큰소리치기에는 내가 찔리는 게 너무 많아서다.

그래도 학교에서는 나름대로 열심히 애쓰는 편이다. 첫 직장은 외부인 출입이 자유로운 곳이어서 하루는 어머니가 자원활동을 하러 오셨는데 내가 담당하는 교실을 둘러보고 깜짝 놀라셨다. 내가 이 정도로 교실을 정리하고 살 수 있다는 사실이 도무지 믿기지 않는다고 하셨다.

그래도 덤벙거리고 실수가 많은 건 어쩔 수 없어서 첫 직장에서부터 가르치던 학생들이 종종 다쳤다. 휠체어를 탄 어린이와 엘리베이터를 타다가 어린이가 팔을 양옆으로 쭉 뻗고 있는 걸 미처 챙기지 못해 어린이 손바닥이 찢어지기도 했고, 의자에 앉아 있던 어린이가 중심을 잃고 넘어지면서 턱에 큰 상처가 나기도 했다.

돌이켜보면 교직생활 내내 가슴 철렁한 사건사고들이

늘 있었다. 다행히 아주 큰 사고로 이어지지는 않았고, 덕분에 나는 주눅 들고 움츠러드는 대신 조금씩 능숙한 교사가 되어갈 수 있었다.

그중에서도 기억에 남는 일 하나는 학교를 옮긴 첫 해, 등교하는 어린이와 함께 걸어서 교실로 가다가 일어났다. 어린이가 넘어지면서 보행보조 손잡이에 입을 부딪쳤는데 그만 이가 부러진 거다. 열한 살 어린이는 입에서 피를 흘리며 아프다고 엉엉 울었고, 그 모습을 본 나도 너무 놀라서 같이 울었다. 서둘러 보건 선생님이 부러진 잇조각을 챙겨 어린이를 치과에 데리고 갔다. 하지만 이를 붙이는 건 안 되고, 나중에 더 자라고 나서 성장이 멈추면 그때 다른 조치를 취해야 한다고 했다. 날카롭게 깨진 면을 갈아서 부드럽게 해두었지만 어린이의 앞니 하나는 귀퉁이가 없는 모양이 되어버렸다.

어린이를 병원으로 보내고 바로 보호자에게 전화를 걸었다. 놀란 마음이 진정되지 않아 나는 통화하는 내내 거의 울고 있었다. 어머니는 일단 알겠다며 전화를 끊으셨지만 바로 달려오는 대신, 평소처럼 하교시간에 맞춰 어린이를 데리러 오셨다. 그사이에 어린이도 나도 놀란 마음을 가라앉혔고, 어린이는 점심도 잘 먹었다. 그날 오후, 어머니께 오전에 있었던 일을 설명하는데 한 귀퉁이가 깨진 앞니가 눈에 확 띄었다. 그저 고개를 숙이며 죄송하다는 말씀을 드리는 수밖에 없었다. 왜 그 순간에 넘어지는 어린이를 잡지 못했는지 생각할수록 속상하기만 했다.

어머니도 속상해하셨지만 한편으로 자녀의 놀란 마음과 함께 담임인 내 마음까지 헤아려주셨다. 전화 받고 바로 달려올까 하다가 병원에 갔으면 응급처치는 다 했겠다 싶었고, 선생님도 놀랐을 텐데 수업 중에 들락거리면 공연히 마음만 더 불편할 것 같아 평소처럼 하교시간에 오셨다는 말씀이 고마웠다.

이후에도 어린이의 부러진 이를 볼 때마다 미안하고 속상한 마음이 컸지만 한편으로는 나를 위로하고 격려해주셨던 보호자의 마음을 함께 떠올릴 수 있었다. 그 어린이의 부모님은 평소에도 내가 교실에서 뭘 하든 잘한다는 격려를 아끼지 않으셨다. 어쩜 이렇게 멋진 생각을 했냐고, 어쩜 이렇게 수업을 잘하냐고, 어쩜 이런 것도 잘하냐는 칭찬을 자주 해주셨다.

부모님을 닮아서인지 그 어린이도 칭찬을 아끼지 않았다. 걸음걸이는 불안했지만 활기가 넘치는 어린이는 이후에도 무릎이 깨지고 입술이 찢어지는 등의 사건사고들을 겪었다. 그때마다 나는 싫은 소리를 했는데, 그래도 어린이는 내가 뭔가를 하자고 할 때마다 눈을 반짝이면서 손뼉을 치고 좋다고 응원해주었고 엄지손가락을 치켜세우며 선생님이 최고라고 말해주었다. 물론 공부시간이 지루하면 늘어지게 하품을 하거나 하기 싫다며 손사래를 쳤지만 내가 의욕을 가지고 벌이는 일은 뭐든 응원해주었다. 소리 내어 또박또박 말하지는 못했지만 몇 가지 손짓과 표정만으로도 그 모든 칭찬과 응원, 격려, 애정을 다 보여주었다.

칭찬과 격려는 누구에게나 필요하다. 나를 낳고 기른 어머니도 걱정하던 내가 지금까지 특수교사로 일하면서 그럭저럭 어린이들과 잘 지내고 있는 건 그렇게 나를 격려하고 응원해주었던 어린이들과 보호자들 덕분이다. 하지만 잘 모르는 사람들이 특수교사에게 건네는 "좋은 일 하시네요", "정말 대단하세요" 같은 말들은 칭찬이 아니라고 생각한다. 그 말 속에는 '저는 그런 일 하고 싶지 않아요!'라는 뜻이 숨어 있는 것 같기 때문이다.

《빨간 모자가 앞을 볼 수 없대》한쉬 지음, 조윤진 옮김, 한울림스페셜, 2020에서 앞을 볼 수 없는 빨간 모자는 할머니 댁으로 가는 길에 늑대와 동행한다. 사실 늑대는 빨간 모자를 잡아먹으려는 속셈으로 호시탐탐 기회만 노린다. 그런데 왜 빨간 모자는 늑대와 동행하게 되었을까. 빨간 모자를 걱정하며 늑대를 조심하라고 얘기해주는 동물들은 여럿 있었지만 다들 사정이 있어서 앞을 보지 못하는 빨간 모자를 도와줄 수 없었기 때문이다. 결국 빨간 모자 곁에서 함께한 건 늑대뿐이었다. 그리고 늑대는 빨간 모자를 잡아먹으려던 계획을 포기하고 약속대로 빨간 모자를 할머니 댁에 데려다준다.

장애를 가진 어린이들과 이렇게 지내야 한다고, 또는 이렇게 하면 안 된다고 말하는 것은 참 쉽다. 하지만 서투르더라도 함께하는 일은 어렵다.

처음에는 말만 내세우는 숲속 동물들이 야속했지만 되풀이해서 보니 빨간 모자가 별일 없기를 바라며 여러 동물들이 틈틈이 숲에서 일어나는 일에 관심을 기울이는 모습이 눈에 들어왔다. 그 동물들이 없었다면 빨간 모자는 무사하지 못했을지도 모른다.

학교 현장에서 보호자들의 과도한 민원에 시달리는 교사들의 이야기를 종종 듣는다. 나 역시 보호자들의 말도 안 되는 민원에 열을 내며 씩씩거리기도 했고, 혼자 눈물을 훔쳐본 적도 있다. 그런 기억만 남아 있었다면 지금까지 잘 지내기는 어려웠을 것이다. 다행히 서투르고 부족한 나를 격려해주고 응원해준 여러 사람들 덕분에 여기까지 왔다.

나의 부족함, 내가 한 실수들을 털어놓는 건 그게 별일 아니어서가 아니다. 내 실수로 생긴 어린이의 상처 하나 하나를 여전히 아프게 기억하고 있다. 다만 내 얘기가 후배 교사들에게 반면교사가 되었으면 좋겠다. 같은 실수를 하지 않으면 가장 좋겠지만, 실수를 통해 배우고 성장해갈 수 있다는 사실을 잊지 않았으면 좋겠다.

한편으로 이 글은 특수교사를 위한 변명을 하려고 쓰는 글이다. 늑대와 특수교사를 비교하는 건 아무래도 억울하고 서운한 일이지만 어떤 면에서는 늑대만큼이나 모자라고 서투른, 부족하고 무능한 특수교사도 있을 것이다. 그걸 무조건 다 덮자고 하는 이야기는 아니다. 그래도 장애를 가진 어린이들 곁에서 누구보다 오랜 시간 함께할 사람 중 하나가 특수교사가 아닐까 생각한다. 감시하고 다그치고, 비난하고 평가하는 방식으로는 좋은 교사가 만들어지지 않는다는 이야기를 하고 싶다.

행동에 문제가 있는 어린이도 마찬가지다. 야단을 치고 벌을 세우고 망신을 준다고 그 행동이 고쳐지지는 않는다.

오히려 더 격렬하게 반항하고 거짓말까지 하는 경우를 많이 보았다.

도대체 어떻게 해야 할까. 버튼 하나 누르면 나오는 자판기처럼 간단하게 문제를 해결할 수 있는 방법은 없을 거라고 생각한다. 장애를 가진 어린이들이 학교와 지역사회에 적응하며 함께 살아가는 일도, 한 사람이 다정하고 유능한 특수교사가 되는 일도 천천히 함께해야 하는 일일 것이다.

넘어지고 부딪쳐가면서 걸음마를 배우는 것처럼, 이런저런 시행착오를 겪어가며 조금 더 나은 교사가 될 수 있다. 무엇보다 일단 해봐야 한다. 단 한 번의 실수도 해서는 안 된다고 겁을 주지는 않았으면 좋겠다.

서로가 서로에게 모범이 되고 감시자가 되어서 가능하면 실수는 줄이고 빨리 배워갈 수 있으면 좋겠다. 더 많은 사람들이 함께 숲에 머무르며 빨간 모자의 길동무가 되어준다면 배움의 기간도 조금은 짧아지지 않을까 기대해본다.

교사와
보호자 사이

지금 내가 사는 곳은 학교와 아주 가
까운 거리에 있다. 자전거로 15분, 버스로는 10분, 걸어가
도 30분이 채 걸리지 않는다. 다른 학교에 근무하는 선생
님들은 학생이나 학부모들을 만나기 쉽기 때문에 학교 근
처에서 살기를 꺼린다지만 우리 학교는 그럴 일이 거의 없
다. 교사의 시간과 보호자의 시간은 서로 다르게 흘러가기
때문이다.

대부분의 보호자들은 자녀들이 학교에 있는 시간에 볼

일을 본다. 내가 퇴근 후 학교 밖에서 장을 보거나 직장 동료들과 저녁을 먹는 동안 보호자들은 집 안에서 자녀와 함께 시간을 보낸다. 주말에 아주 가끔 학교 근처 대형쇼핑몰에서 학생과 보호자를 만나기도 하지만 그런 일은 정말 아주 가끔, 1년에 한 번 있을까 말까다.

보호자들과 내 시간이 서로 다르게 흘러간다는 사실은 코로나로 원격수업을 하던 시기에 더 실감하게 되었다. 다른 학교에서는 실시간 원격수업을 한다지만 우리 학교는 대부분의 보호자가 실시간 수업을 원하지 않았다. 평소 등교시간도 학생마다 달랐으니 실시간 수업만 고집할 수도 없었다. 대신 원격수업을 위한 플랫폼에 동영상 등의 자료를 올려두었다. 가정에서 편한 시간에 게시물을 확인하고 보호자가 댓글을 달면 그것으로 출석을 확인하기로 했다. 댓글이 달리면 실시간으로 알람이 울리도록 설정해두었는데 한밤중이 되어서야 확인하는 분들이 많았고, 심지어 새벽에 확인하는 분들도 있었다.

교사들은 일과중에 출석을 독려하는 문자를 보냈지만

보호자들의 확인문자가 일과중에 도착하는 일은 매우 드물었다. 알람을 꺼두어도 그만이었겠지만 도대체 언제 확인하는지 궁금해서 일부러 알람을 끄지 않았다. 그리곤 밤늦게까지 울리는 알람 소리에 고개를 설레설레 흔들었다. 내가 얼마나 힘들게 수업자료를 만들었는데 왜 빨리 봐주지 않나, 하는 마음도 있었다.

그러던 어느 날이었다. 자정을 넘겨 울리는 알람 소리를 듣고 잠에서 깼다. 평소라면 시간만 확인하고 다시 잠들었을 텐데 그날은 문득 그 시간이 되어서야 담임교사의 수업 영상을 확인하고 답글을 달 수 있었던, 얼굴도 모르는 양육자의 모습을 떠올려보았다. 입학상담기록으로는 장애가 심한 데다 호흡기 쪽 질환도 있어서 수시로 가래를 빼주어야 한다고 했다. 혼자서는 제 몸을 뒤척이는 것도 어려워서 누군가 밤새 몸을 이리저리 움직여주어야 했을 것이다. 잠시도 자녀에게서 눈길과 손길을 거두지 못하고 지내다가 자정을 훌쩍 넘긴 시각, 자녀가 깊이 잠들고 나서야 잠시 침대에 등을 붙이고 휴대전화를 만지작거릴 수 있었을 거라고 생각하니 그동안의 내 불평이 부끄러웠다.

나도 아주 잠깐 그런 시절을 살았었다. 전적으로 아이를 돌봐주시는 시어머니 덕분에 학교에 있는 동안에는 내 일에 집중할 수 있었지만 퇴근 후에는 달랐다. 집에 돌아오면 두 아이를 챙기느라 정신없던 시절, 두 아이가 깊이 잠든 다음에야 내 시간이 흘러가는 것 같았다. 첫 아이를 낳고 백일이 될 때까지는 밤에 제대로 잘 수 없어서 너무 힘들었다. 백일만 버티면 좋아진다는 어른들의 말도 귀에 들어오지 않았다. 하지만 정말 백일이 되어 아이가 한 번에 네 시간 이상을 자니 살 것 같았다. 둘째 아이를 낳고는 백일을 기다리는 시간이 그리 힘들지 않았다. 백일이 지나면 달라지는 이전의 경험이 나에게 큰 힘이 되어주었기 때문이다. 아이들이 자라면서 내 시간은 점점 더 늘어났고, 지금은 내가 계획한 대로 시간을 쓸 수 있게 되었다.

하지만 장애를 가진 자녀들과 살아가는 양육자들은 사정이 다르다. 자녀가 성장하는데도 좀처럼 양육자만의 시간은 늘어나지 않기 때문이다. 호흡기 문제나 근육의 경직,

예민함, 또는 정서적인 문제로 자녀가 쉽게 잠들지 못하거나 수면시간이 짧다면 그 어려움은 더 크게 다가올 것이다. 잠들 수 없는 그 긴긴 밤이 언제까지 계속될지 알 수 없으니 그 어려움은 더 클 수밖에 없다.

내가 보내는 문자에 늘 늦게 답을 보내던 어머니가 있었다. 그때마다 늦은 답장에 몹시 미안해하셨다. 낮 동안에는 자녀를 먹이고 입히고 씻기느라, 가끔은 뇌전증 증상 때문에 응급처치를 하느라 바쁘게 지내야 했다고, 잠시 시간이 나서 문자를 보내야겠다고 생각할 때마다 너무 늦은 시간이라 망설이고, 너무 이른 시간이라 망설이고, 그러다가 깜빡 잊는 일이 되풀이된다고 했다. 그래서 나는 아무 때나 편한 시간에 문자를 보내셔도 된다고, 미국에 있는 친구와 주고받는 문자라고 생각하기로 했다는 농담을 건넸다. 생각해보면 한 어린이를 앞에 두고 있는 교사와 보호자 사이가 대한민국과 태평양 건너 미국까지의 거리만큼이나 먼 건 아닐까 싶을 때도 있다.

장애를 가진 어린이를 사이에 두고 만난 사이지만 교사

와 보호자가 어린이와 함께하는 대부분의 시간은 철저하게 분리되어 있다. 그나마 학교에서 장애를 가진 어린이와 함께하는 일은 학교라는 체계 안에서, 여러 지원인력들과 함께 협력하고 있지만 가정에서의 양육은 그렇지 않다. 물론 함께하는 사람이 많은 경우도 있겠지만 주양육자 혼자 여러 어려움을 오롯이 감당하는 경우도 많을 것이다.

《어두운 겨울밤에》플로라 맥도넬 지음, 이지원 옮김, 봄볕, 2023의 작가는 심한 우울증을 앓으며 정신분석에 의지했던 경험을 담아 이 그림책을 그렸다. 검은 바탕의 속표지 왼쪽에는 그믐달이 떠 있는데, 다음 날이면 어둡고 깊은 밤이 찾아올 것처럼 실낱같은 빛줄기만 간신히 남겨두었다.

책장을 넘기면 짧은 문장과 함께 펼친 면을 가득 채운 그림들이 나온다. 캄캄했다가, 한순간 환해졌다가, 다시 어두워졌다가, 조금 밝아졌다가, 다시 깜깜해졌다가, 아주 깜깜해졌다가, 다시 밝아진다.

주인공은 때때로 찾아오는 어두운 밤을 겪으면서도 다

시 빛 속에서 하루를 살아가기 위해 애쓰고, 그러다가 다시 갈 길을 잃고 깊은 물속에서 헤맨다. 실낱같은 달빛이 사라지고 '영원히 아무것도, 아무도 없을 것 같아 더 이상 아무것도 할 수 없는 그때' 푸른빛을 띠는 커다란 코끼리가 제 덩치에 어울리지 않게 작은 등불을 가져와 해가 떠오르는 바닷가의 작은 집까지 데려다주면서 이야기는 끝이 난다.

작가의 코끼리는 무엇이었을까, 코끼리와 집으로 돌아오는 길은 어땠을까 생각해본다. 느리지만 묵직한 걸음으로 작은 빛에 의지해 한 발 한 발 조심스럽게 어둠을 헤쳐나가지 않았을까.

졸업식을 마치고 졸업식에 참석하지 못한 한 학생의 보호자에게 안부를 전한 적이 있다. 졸업반 담임은 아니었지만 11년 전에 이 학생의 초등학교 1학년 담임을 한 인연이 있었다. 그 뒤로 담임을 한 적은 없지만 초등학교에 다니던 시절에는 지나가다 복도에서 만나면 1학년 때 교실에서 부르던 인사 노래를 부르며 안부를 확인하기도 했다. 중학생이 되어서는 등하굣길에 마주치는 어머니와 종종 안부를 나누었고, 부쩍 자란 학생의 모습에 대한 덕담과 응원을 전하곤 했다. 그런데 고등학교 때는 좀처럼 얼굴을 볼 수 없었다. 무슨 까닭인지 건강 상태가 나빠져서 중환자실 생활과 입퇴원을 되풀이한다고 했다. 담임도 아닌 터라 안부를 전하지도 못하고 걱정하는 마음만 한구석에 묵혀두고 있다가 졸업을 핑계 삼아 휴대전화를 열어 간단한 안부문자를 보냈다.

얼마 지나지 않아 학생 어머니에게서 전화가 왔다. 여보세요, 한마디를 입 밖에 내고는 둘 다 아무 말을 못 하고 한참을 꺽꺽대며 울었다. 그렇게 한참을 울고 나서야 보호자는 이렇게 기억해주어서 고맙다는 말을 전해주셨다. 나는 앞으로도 가끔 뜬금없는 안부를 전하겠다고 약속했다.

약속은 했지만 실제로는 머릿속으로 열 번 생각하면 겨우 한 번 안부를 전할까 말까 하는 정도다. 친한 친구였다면 더 자주 안부를 전했을 텐데, 친구를 생각할 때보다 걱정하는 마음이 훨씬 크면서도 교사와 보호자 사이이기 때문인지 나는 내 마음을 쉽게 다 전하지 못한다.

그래도 아주 가끔 '미국 사는 친구'에게 전하는 나만의 마음이, 또 다른 이웃들의 그런 마음들이 모여서 깜깜한 밤의 코끼리가 전하는 작은 등불이 될 수 있으면 좋겠다.

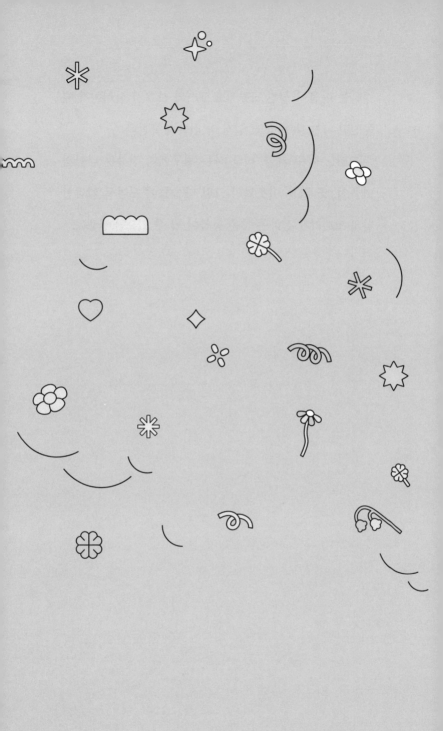

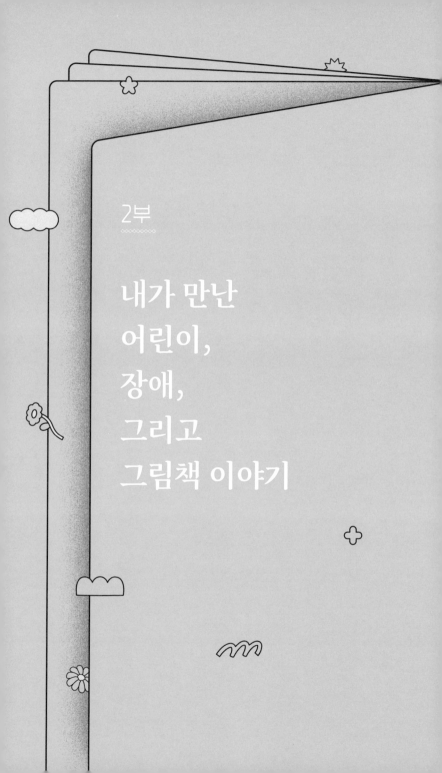

2부

내가 만난
어린이,
장애,
그리고
그림책 이야기

같은 것 찾기,
다른 것 찾기

　　　　　　하나를 가르치면 열을 안다, 는 속담
은 하나를 가르치면 열을 아는 사람이 그만큼 드물기 때
문에 나온 이야기일 것이다. 하나를 가르쳐서 하나를 아
는 정도면 다행이고, 열을 가르쳐도 하나를 배우지 못하는
사람도 주변에서 쉽게 볼 수 있다. 나도 어떤 부분에서는
그렇다. 세무, 회계, 주식, 투자 같은 얘기들은 아무리 들어
도 머릿속에 남지 않는다.

　내가 만나는 어린이들은 그 하나를 배우기 위해 열 번,

백 번의 가르침을 필요로 한다. 더 정확히 말하면 열 가지, 백 가지 방법으로 열 번, 백 번 되풀이해야 한다. 그렇게 해서 하나라도 확실히 배우는 게 맞냐고 묻는다면 자신 있게 대답하기 어렵다. 뭔가를 배우지 못했다는 확실한 증거를 보여주기도 어렵기 때문이다.

내 질문이 너무 시시해서 답을 안 하는 건지, 정답을 얘기했는데 내가 못 알아들은 건지, 아직 배움이 부족해서 답을 할 수 없는 것인지 구분하기가 매우 까다롭다. 그러니 가끔은 어린이들이 이미 다 알고 있는 걸 또 가르치고 있는 건 아닐까, 걱정이 된다. 초등학교 저학년 어린이들에게는 색깔, 숫자, 글자, 모양 따위를 되풀이해서 가르치게 되는데, 매번 같은 걸 배워도 너무 지겹게 여겨지지는 않기를 바랄 뿐이다.

그렇게 수업시간마다 되풀이해서 가르치는 것 중 하나는 같은 것과 다른 것을 아는 것이다. 같은 것과 다른 것을 알아차리는 능력은 글자나 수를 모르는 어린이들이 뭔가를 배우기 위해 갖추어야 하는 아주 기본적인 기술이다. 눈 맞추기, 동작 따라하기처럼 내가 언제부터 할 수 있었는지 기억하지 못할 정도로 아주 자연스럽게 익히는 학습준비기술이기도 하다. 대부분의 어린이는 학교에 입학할 나이가 되면 자연스럽게 같은 것과 다른 것을 서로 나누고 규칙에 따라 연결하는 활동을 즐기지만, 어려워하는 어린이들도 더러 있다.

내가 가르치는 어린이들 중에는 이 기술을 익히지 못한 어린이들이 많다. 시간표에는 국어, 수학이 있지만 아직 그림과 글자의 차이도, 사물의 크고 작음도 알아차리지 못하거나 알고 있어도 표현하지 못한다. 그래서 수업시간에 가장 많이 하는 활동 중 하나는 같은 것 찾기, 다른 것 찾기, 물건 이름 듣고 지적하기다. 주제와 소재를 달리해서 나는 집요하게 어린이에게 물어본다. "빨간색 자동차는 어디 있지?", "여기 이 모양과 같은 모양은 무엇일까?"

내 질문에 순순히 답해주면 좋으련만 내가 가르치는 어린이들은 그러지 않는다. 멍한 표정을 짓기도 하고, 뭔가 골라내려고 정답 쪽으로 손이 가는 듯하다가도 뻣뻣하게 굳은 것처럼 움직이는 팔이나 요란하게 움직이는 몸 때문에 답하기 어려워하기도 한다. 눈동자로 원하는 것을 바라보면서 표현하는 어린이들도 있는데 문제의 정답을 물어보면 갑자기 눈동자를 이리저리 빠르게 움직여서 헷갈린다. 진짜로 몸이 제 맘대로 움직이지 않는 것인지, 잘 몰라서 대충 얼버무리는 것인지 알 수가 없다.

장애인 시설 안에 있는 학교에서 학생들을 가르치던 시절, 수업시간 내내 딴청만 부리던 어린이가 생활관에서 세탁물을 종류별로 분류해서 착착 정리하는 모습을 보고 깜짝 놀란 적이 있다. 그동안 도대체 나는 뭘 가르치고 있었나 깊이 반성했다. 왜 그것을 가르쳐야 하는지 이유는 잊어버린 채 책상에 바른 자세로 앉아야 한다고, 연필은 이렇게 쥐어야 한다고, 학습지에서 같은 그림을 찾아 선으로 그어보라고 우기고 있었던 셈이니까 말이다.

세탁물은 잘 정리하면서도 "같은 모양을 골라보세요" 하는 교사의 지시는 모른 척하던 어린이의 마음을 알 것도 같다. 얼마나 지루하고 재미없었을까.

속옷은 속옷끼리, 윗옷은 윗옷끼리, 양말은 양말끼리 정리하는 법은 그 어린이의 기억에도 없는 아주 어린 시절부터 시설에 입소해 지내면서 자연스럽게 보고 배운 것이다.

하지만 모든 어린이들이 이렇게 몸으로라도 내가 얼마나 알고 있는지 보여주는 것은 아니어서 개개인이 얼마나 알고 있는지 알아차리는 일은 참 어렵다. 어린이들의 눈빛과 눈동자의 움직임, 근육의 긴장 정도, 표정이나 소리에 신경을 곤두세우고 잘 살펴보며 미루어 짐작해보아야 한다. 언젠가부터 수업을 마치는 종소리에 어린이의 표정이 밝아진다면 이제 수업시간과 쉬는 시간을 구별할 수 있게 되었구나 짐작하는 식이다.

여전히 교실 안에는 책상 위에 학습지를 놓아두고 뚱한 표정을 짓는 학생들이 많다. 그래도 날마다 되풀이되면서 조금씩 달라지는 학교의 일상을 통해 무엇이든 조금씩 배우고 있다고 생각한다.

수업을 준비할 때는 늘 일상생활 속에서, 자연스러운 활동 속에서 학생들에게 가르쳐야 한다고 생각한다. 하지만 실제로 수업을 하다보면 그게 참 어렵다. 나부터도 학교에서 뭔가를 배울 때 교과서와 참고서, 자습서 따위를 중심에 놓고 배웠기 때문이다. 게다가 교실과 집, 학교와 지역사회는 물리적인 환경과 하루일과가 서로 너무 다르다. 책상과 교구장으로 가득한 교실은 40분 동안 수업하고, 10분 동안 쉬는 일과가 되풀이되는 곳이다. 이곳에서 자연스러운 활동을 생각해내는 일은 늘 어렵다.

가능하면 어린이들이 잘 만들어진 교구 대신 일상생활에서 자주 사용하는 물건들을 만지고 놀아보도록 노력한다. 평소에는 어린이들이 좋아하는 장난감이나 사탕을 자주 사용하고 가을에는 시장에서 대추와 밤을 한 무더기씩 사서 교실에 챙겨두고 오래오래 써먹는다.

밤과 대추를 큰 바구니에 한꺼번에 쏟아놓고는 어린이들과 함께 두 바구니에 나누어 담는다. 제 손으로 물건을 쥐기 어려운 어린이들은 손을 잡고 밤과 대추를 바구니에

옮겨 담도록 돕는다. 딱딱한 밤과 그보다 크기도 작고 시간이 지나면 쪼글쪼글해지는 대추는 어린이들이 손으로 쥐고 있기에도, 하나씩 골라내기에도 맞춤하다. 바닥에 떨어뜨려도 아주 멀리 굴러가거나 깨지지 않는 점도 대추나밤을 좋아하는 이유다.

어린이의 손바닥에 대추 몇 알을 쥐어주고 장석주의 시에 유리 작가가 그림을 그린 《대추 한 알》장석주 글. 유리 그림. 이야기꽃. 2015을 꺼내든다. 책의 앞표지와 뒤표지를 한꺼번에 볼 수 있게 펼쳐놓고 뭐가 보이는지부터 이야기를 나누어본다.

대추나무, 자전거, 아버지와 아들로 보이는 두 사람이 있고 자전거에는 검정 비닐봉지가 매달려 있다. 저 봉지에 아마도 대추가 들어 있을 거라고 얘기해준다. 그리고 그 봉지에 있던 대추가 지금 우리 교실에 있다고, 내가 오늘 아침에 자전거에 매달고 출근했다고 으스대며 말해보기도 한다.

그림책을 보며 대추나무가 잎을 키우고 꽃을 피우고 열

매를 맺는 과정을 얘기해준다. 닳아버린 손톱 틈새로 까만 먼지가 자리를 잡을 만큼 고된 농사일을 하는 어른들과 그 곁에서 뛰노는 어린이들과 강아지, 무당벌레와 잠자리들을 손가락으로 하나하나 짚어가며 이야기를 나눈다.

이야기를 나눈다고 썼지만 사실 대부분 나 혼자 주절주절 떠들곤 한다. 처음 교실에서 그림책을 읽어주기 시작했을 때는 내 이야기를 듣고 있기는 할까 생각하기도 했지만 요즘은 그냥 그러려니 하는 편이다. 울거나 짜증을 내거나 그림책을 잡아채면서 못 읽게 하지 않는다면 잘 듣고 있는 것이다. 그러다 가끔 그림책에 눈동자를 고정시키고 활짝 웃어주는 어린이를 만나면 저절로 신이 난다.

그림책 속 대추 한 알은 처음에는 연둣빛이었다가 점점 붉은빛으로 물들어간다. 그러다 마침내 붉고 단단해 보이는 대추 열매가 된다. 그림카드 한 장으로는 절대 보여줄 수 없는 것들이다.

그림책 속 대추를 보여주며 바구니에 있는 대추 중에서 가장 닮은 것을 골라보기도 한다. 학생들은 대충 아무거나 손에 잡히는 대로 골라내는 편이지만 그래도 상관없다. 조금씩 다른 모양이지만 모두 대추니까 다 정답이라고 얘기해줄 수 있다.

수학시간에는 주사위를 던져서 나오는 숫자만큼 대추를 자기 바구니에 가져가는 놀이를 할 수 있다. 1부터 100까지의 수를 차례대로 줄줄 욀 수는 있지만 실제로 물건 개수 헤아리기는 잘 못 하는 학생들이 많다. 수를 학습지로만 배우기 때문일 것이다. 생활에서 물건을 직접 만져보고 세어보는 활동을 많이 하면서 자연스럽게 수 개념을 배워야 하지만 신체적인 어려움 때문에, 또 병원과 치료실을 전전하는 일상이 경험을 제한한다.

다음 날에는 아직 초록빛이 도는 대추와 붉게 변한 대추를 두 개의 그릇에 나누어 담는다. 더 시간이 지나면 단단한 대추와 쪼글쪼글해진 대추를 나누어 담기도 한다. 날마다 두 개의 그릇에 대추를 나누어 담아보게 하는데 접

시에 담긴 대추 수는 늘 달라진다. 시간이 더 지나서 모든 대추들이 쪼글쪼글해지면 함께 대추차를 끓여 맛을 볼 수 있다.

연둣빛 햇대추 무더기에서 붉은빛이 도는 대추를 골라내고, 다시 단단한 대추 열매들 사이에서 쪼글쪼글해진 대추를 골라내려면 나름 기준을 정해야 한다. 대추는 교재용 블록이 아니기 때문이다. 기준을 정한다고 하지만 그게 또 아주 엄격한 건 아니다. 연둣빛이 조금 섞였다고 해도 대체로 붉은빛이 많으면 붉은 대추 바구니로 옮기기도 하고, 붉은빛이 제법 많지만 아직 연둣빛이 더 많다고 여기면 그냥 바구니에 남겨둔다.

장애라고 이름 붙여지는 일도 그렇다. 누구나 크고 작은 어려움을 가지고 있지만 어떤 어려움들은 장애라고 부르고, 또 어떤 어려움들은 그저 서투름이라고 한다. 누군가에게 '장애'라는 이름표를 붙이는 일은 대추를 골라내는 일처럼 마음 편하게 할 수도, 쉽게 바꿀 수도 없다. 그 이름

표의 무게가 얼마나 무거운지 잘 알기 때문이다.

바구니에 담겨 있는 대추처럼 우리는 모두 같은 사람이지만 또 모두 조금씩은 다르다. 어떤 차이는 '아, 우리는 서로 다르구나' 하고 넘겨버릴 수 있지만 어떤 차이에는 특별한 도움이 필요하다.

아주 어릴 때는 빨강, 노랑, 파랑만 구분할 수 있어도 충분하다. 동그라미, 네모, 세모만 구분해도 칭찬을 받는다. 하지만 자랄수록 우리는 더 많은 것을 구분할 수 있게 되고 어느 분야에서든 그 작은 차이를 잘 알아차리는 사람이 일을 잘 해낸다. 대추를 만지작거리며 노는 아이들도 그 차이를 조금씩 배워갔으면 좋겠다. 그리고 모든 대추 한 알이 저절로 굵게 알이 차오르지도, 저절로 붉어지지도 않았다는 걸 잊지 않았으면 좋겠다.

꼭
주인공이 아니어도

  여름철이 되면 수박이 나오는 그림책을 모아놓고 읽어준다. 그림책을 읽고 나서 초록빛 색지에 구불구불한 줄무늬가 있는 수박 껍질 모양을 그려보기도 하고, 빨간 색지에 까만 점을 콕콕 찍어서 잘 익은 수박의 단면처럼 꾸민 부채를 만들어보기도 한다. 물론 수업을 마치고 커다란 수박 한 통을 쪼개 함께 나누어먹는 일도 빠져서는 안 된다. 수박 주스를 만들면 씹기나 삼키기를 어려워하는 학생들도 함께 맛보고 즐길 수 있어서 좋다.

여름방학을 앞두고 수박 그림책을 함께 보고 수박을 나누어 먹으면 책걸이 기분도 나는데 우리 학교 학생들에게는 씹고 삼키기 어려운 떡보다는 달콤한 과즙이 있는 수박이 책걸이에 잘 어울린다. 또 수박은 딱 한 통만 있어도 여럿이 나누어먹기에 좋다. 두고두고 먹는 것보다는 여럿이 함께 모여 한자리에서 먹을 때 수박의 제맛을 느낄 수 있다.

날이 더워지기 시작하면 올해는 또 어떤 수박책이 나왔는지 그림책 신간을 기웃거리고 어린이들이 좋아할 만한 수박책을 미리 골라놓는다.

유리 작가가 그린 《수박이 먹고 싶으면》김장성 글, 유리 그림, 이야기꽃, 2017은 해마다 빼놓지 않는다.

흙투성이 거친 농부의 손과 뜨거운 햇볕 아래 흘리는 땀 한 방울까지 그려낸 세밀화가 매력적인 책이지만 내가 가장 좋아하는 장면은 따로 있다. 커다란 평상 위에 온 동네 사람이 둘러앉아 수박을 나누어 먹는 마지막 장면이다. 어른과 어린이, 다양한 얼굴 빛깔과 체격의 사람들, 그리고 휠체어를 탄 채 아이를 안은 사람까지 모두 함께 수박을 나누어먹는 장면은 볼 때마다 기분이 좋아진다. 주인공은 아니지만 등장인물 중 한 명으로 잠깐 나오는 그런 모습이 너무 귀하다.

우리나라 장애인 출현율은 5.4퍼센트에 이른다. 스무 명 중의 한 명은 장애를 가지고 있다는 이야기다. 그러니 수십 명이 평상에 모여 수박을 나누어 먹고 있다면 그 안에 휠체어를 탄 한 명이 있는 건 자연스러운 일이다.

아주 오래전 이야기지만 내가 특수교육을 전공하게 되었다는 소식을 전하자 중학교 시절 단짝 친구가 친동생이 발달장애가 있어서 특수학교에 다닌다고 알려주었다. 학교 근처에 살던 친구여서 하교 후에도 종종 놀러갔었는데 나는 그 친구에게 동생이 있다는 사실조차 전혀 알지 못했다. 돌이켜보면 친구 집에 전화했던 어느 날, 주변이 소란스러워서 의아했던 기억이 있다. 중학교 2학년 때는 내내 붙어 다녔고, 내가 전학한 다음에도 전화나 편지로 소식을 전하던 친구였는데 동생의 존재조차 모르고 있었다니, 놀라웠다.

생각해보면 친척 중에도, 지인의 가족 중에도 장애를 가진 사람들이 있었다. 하지만 나는 오랫동안 장애를 가진 주변사람들을 거의 의식하지 않고 살아왔다. 어쩌면 내가 잠깐씩 스치듯 만났던 그 사람들이 문학작품이나 영화, 드라마, 광고 등의 매체에 등장하는 일이 거의 없었기 때문은 아닐까 싶다. 어쩌다 등장하더라도 고난과 극복, 불행과 슬픔 등을 떠올리게 하는 경우가 많으니 우리는 현실에서 장애를 가진 사람들을 만날 때도 부정적인 감정을 먼저 떠올리게 되는 건 아닐까.

문학작품에서 장애는 종종 결핍의 상징으로 이용된다. 자선과 희생, 봉사와 극복 같은 감정을 끌어올리는 도구로 등장하기도 한다. 장애를 극복한 불굴의 존재이거나 누군가를 고통으로 밀어 넣는 존재, 둘 중의 하나로만 장애를 그려온 세월이 너무 길다. 하지만 장애를 가지고 살아가는 일은 그렇게 단순하고 납작하기만 하지 않다.

인구의 5퍼센트가 장애를 갖고 있다면, 그들의 가족과 관련 종사자들까지 헤아려볼 때 대부분의 사람들은 장애 또는 장애인과 어떤 식으로든 연결되어 있지 않을까. 그렇게 연결되어 살아가는 장애와 장애인들의 복잡하고 입체적인 일상을 더 자주 보고 싶다.

그런 점에서 《모두 모두 안녕하세요!》홍선주 지음. 꼬마이실. 2021는 마음에 쏙 드는 그림책이다. 진하라는 어린이는 낯선 동네로 이사 와서 새 학교에 처음 등교한다. (주인공 이름이 내 이름과 같은 것도 내가 이 그림책을 좋아하는 이유 중 하나다.) 진하는 학교 가는 길에 만나는 새로운 이웃들과 인사를 나누고 새로운 이웃들이 어떤 일을 하며 어떻게 살아가는지를 알아간다. 학교 옆길 건널목 커다란 이층집에 사는 아홉 식구(할아버지, 할머니, 큰아들, 며느리, 손자, 손녀, 작은아들, 강아지 아롱이, 고양이 뭉치) 중에는 휠체어를 타고 출근하는 작은아들이 있다. 작은아들이 왜 휠체어를 타는지, 무슨 일을 하고 지내는지는 알 수 없지만 현관으로 들어가는 입구가 경사로고, 집안 곳곳에는 안전 손잡이가 있다. 구구절절한 설명 대신 그냥 그렇게 함께 살고 있음을 자연스럽게 보여주어서 좋다.

이 책에서 작은아들의 휠체어는 결핍이나 극복의 상징이 아니라 그냥 휠체어다. 옥탑방 앞 파라솔이나 반지하 청년들이 들고 있는 기타나 키보드와 비슷하다.

2022년에는 드라마 〈이상한 변호사 우영우〉와 〈우리들의 블루스〉가 큰 인기를 끌었다. 자폐 스펙트럼을 가진 등장인물을 주인공으로 내세운 드라마가 크게 인기를 끈 일도, 장애를 가진 당사자가 조연으로 직접 연기를 한 일도 몹시 반가웠다.

나는 지금보다 훨씬 더 다양한 몸들이 여러 매체에 자주 모습을 드러내면 좋겠다. 꼭 주인공이거나 조연일 필요는 없다. 지나가는 사람 1, 2, 3, … 중에 한 사람으로 여기저기서 많이 보여지면 좋겠다.

식당에서 밥을 먹는 장면에는 휠체어를 탄 사람도 슬쩍

끼워주고, 출퇴근하는 지하철 장면에 휠체어나 흰지팡이가 한번씩 나와주면 좋겠다. 드라마나 영화만 보면 대한민국에는 변호사, 의사, 조직폭력배와 검사가 가장 흔한 직업으로 보이는 건 어쩔 수 없다손 치더라도 말이다.

최근에는 교육방송 딩동댕 유치원에도 하늘이라는 캐릭터가 등장하고, 휠체어를 탄 어린이가 직접 출연해서 자기 목소리를 들려주기도 한다. 휠체어를 타는 하늘이가 등장한 뒤로는 학교에서도 수업 주제와 관련한 내용을 짧게 보여주곤 한다. 아무래도 인형보다는 제 또래의 어린이가 휠체어를 타고 나와서 자기 기분을 천천히 이야기할 때 어린이들이 화면에 더 집중한다.

미국의 어린이 TV프로그램 〈세서미 스트리트〉의 '인사해요'라는 콘텐츠에는 말을 할 수 없는 휠체어 이용자(인형)가 태블릿으로 인사를 건네는 장면이 나온다. 수업시간에 이 영상을 보여주자 어린이들의 눈이 동그래졌다. '보완대체의사소통'을 위한 어플의 그림 상징을 눌러서 의사표현을 하는 것은 뇌병변장애를 가진 우리 학교 어린이들이 입학하면서부터 열심히 배우는 것 중 하나다. 학교와 집, 또는 치료실에서만 사용하는 줄 알았는데 좋아하는 프로그램에 자신처럼 말하는 등장인물이 나타났으니 얼마나 반가웠을까. 인형이 아니라 실제로 태블릿을 이용해 의사소통하는 어린이가 나왔다면 더 반가워했을 것이다.

국어시간에 '기분을 표현해요'라는 단원을 공부하면서 어린이들과 표정 연습을 한 적이 있다. 그럴 땐 나중에 배우가 될 수도 있으니 근사하게 표정을 지어보라는 당부를 잊지 않는다. 영상세대인 요즘 어린이들은 확실히 카메라 앞에서 표정이 훨씬 다양하고 밝아진다. 나중에 멋진 배우가 될 자질이 넘치는 어린이들이 얼마나 많은지 모른다. 그러니 꼭 주인공은 아니더라도 장애를 가진 이들에게 더 많은 출연 기회가 주어지면 좋겠다.

이야기의
힘

  어린이들은 옛날이야기를 좋아한다.
옛이야기 그림책을 읽어줄 때 나도 모르게 목소리가 커지
며 과장된 추임새를 넣는 걸 보면 옛이야기를 좋아하는 건
어린이들이 아니라 나인지도 모른다. 아무튼 옛이야기 그
림책을 고르면 대체로 실패가 없다.

"떡 하나 주면 안 잡아먹지"와 같은 말들을 되풀이할 때
의 즐거움, 세 번째 장면이면 어김없이 등장하는 유쾌한 반
전에 대한 기대도 옛이야기의 매력이다. 그래서 그림책을

펼치며 "옛날 옛날에" 하고 입을 떼면 공부를 싫어하는 어린이들도 아주 잠깐 귀를 기울여준다. 마치 마법의 주문과도 같다.

광호에게는 "폐하!"가 마법의 주문이다. 광호는 또래 친구들보다 조금 늦게 학교에 들어와서 또래들보다 머리 하나쯤은 더 크다. 말수는 적지만 자기주장이 강하고 자기표현도 분명하게 한다. 무엇보다 목청이 커서 집에서는 큰 소리를 지르며 대장 노릇을 한단다.

나는 광호에게 국어를 가르치는데 학기 초에는 조금만 재미가 없어도 책상에 엎드리거나 옆에 앉은 친구들을 슬쩍 찔러대며 딴짓을 했다. 그래도 내가 모르는 척하면 엉뚱한 소리를 내거나 아예 교실 밖으로 나가겠다고 소리를 질러서 수업을 방해하곤 했다.

수업시간에 나가자고 자꾸 소리를 지르면 다른 친구들이 싫어하니 조용히하라고 주의를 줄 수밖에 없는데 그러면 광호는 책상을 손바닥으로 거세게 내리치며 오히려 나에게 큰소리를 쳤다. 나도 목청이라면 남들에게 뒤지지 않을 자신이 있었지만 내가 큰 소리를 낼수록 광호는 점점 더 거칠게 맞섰다. 나중에는 내가 뭘 하라고 시키기만 해도 화를 내며 자리에서 벌떡 일어나 밖으로 나가려고 했는데, 나가려는 광호를 말리는 게 쉽지 않아 한동안 애를 먹었다.

그러던 중 담임 선생님에게 광호가 사극을 무척 좋아한다는 이야기를 들었다. 학교에 오기 전에 고관절 수술을 하고 집에서 꼼짝없이 두어 달을 누워서만 보냈는데 그때 할아버지가 좋아하는 사극을 하루 종일 보고 또 보면서 좋아하게 되었다는 것이다. 그래서 사극 대사 따라하기를 좋아한다고 했다. 다음 국어시간에 광호가 소리를 지르며 자리에서 일어나려고 할 때 비장한 목소리로 외쳤다.

"폐하! 지금은 공부시간이니 고정하고 자리에 앉으시옵소서!"

그러자 광호가 평소와 달리 목소리를 낮게 깔며 "예." 하더니 선선히 자리에 앉는 것이 아닌가.

광호를 보며 보고 또 보고, 듣고 또 들은 이야기가 주는 힘이 얼마나 대단한지 새삼 느꼈다. 뭐든 무조건 되풀이한다고 좋아하게 되는 건 아닐 것이다. 아무리 되풀이해도 지루하기는커녕 한 번 더 하고 싶어질 만큼 매력적인 그 무엇이 있어야 무한반복도 가능하니까 말이다.

옛이야기는 좋아하지만 사극은 좋아하지 않는 나와 달리 광호는 옛이야기도 좋아했다. 내가 신이 나서 이야기를 읽어주면 광호도 흥미진진한 표정으로 이야기에 귀를 기울여주었다. 여전히 버럭버럭 소리만 질러대는 왕 흉내를 내려는 때가 많아서 잔잔하고 다정한 이야기들을 많이 들려주려고 애쓰는 중이다. 권력을 차지하고 큰소리를 치는 왕 이야기가 아니라 다정하게 서로를 돌보며 살아가는 옛날이야기도 드라마로 만들어지면 좋겠다고 생각해본다. 이야기는 힘이 세니까 말이다.

《이야기 주머니 이야기》이억배 지음, 보림, 2008는 이야기가 가진 힘에 대해 깊이 생각하게 해주었다. 잠자리에서 아이들에게 그림책을 읽어주던 시절, 낮밤을 가리지 않고 수십 번도 넘게 읽어준 덕분에 이 책은 지금까지도 두고두고 곱씹으며 떠올리는 책이 되었다.

이야기, 이야기, 이야기… 반복되는 '이야기' 소리가 즐거워서일까, 학생들은 이야기 주머니 이야기, 라는 제목만 들어도 좋아한다. 주머니 속에 묶여 있다가 여기저기로 훨훨 날아가는 이야기들이 무엇인지 찾아보는 재미도 쏠쏠하다. 별주부전, 팥죽 할머니, 구미호, 반쪽이, 호랑이 담배 피우는 이야기, 선녀와 나무꾼, 혹부리 영감… 그림만 보아도 옛이야기들이 머릿속에 저절로 떠오른다. 누가 들려주었는지, 어디서 읽었는지는 생각나지 않지만 익숙하게 아는 이야기들이다.

하지만 막상 마지막 장면은 옛날이야기 속 한 장면이 아니다. 커다란 나무 둥치는 옛날 옛적부터 있었을 테지만, 이야기를 듣는 아이들을 둘러싼 뾰족한 종탑과 옥상의 물탱크, 안테나는 이곳이 현대 어느 도시 골목임을 보여준다.

이 어린이들은 무슨 이야기를 듣고 있을까. 옛이야기도 좋겠지만 지금을 치열하게 살아가는 사람들의 이야기, 내가 아는 어린이들에게 힘이 되어줄 이야기를 듣고 있다면 좋겠다.

〈로렌조 오일〉(1993년)이라는 영화에는 부신백질이영양증(ALD)으로 신경학적 증상이 진행되어 침대에 누워만 있는 아들에게 어머니가 책을 읽어주는 장면이 있다. 방금 간호사를 해고하고 거칠게 현관문을 닫고 온 어머니는 숨을 몰아쉬며 책 한 권을 집어 아무 쪽이나 펼치는데 마침 헨젤과 그레텔이 숲속에서 길을 잃고 헤매는 장면이다.

치료법은 찾을 수 없고, 간호사조차 아들을 무시한다. 온 세상에 혼자 남겨진 듯 막막한 심정으로, 말없이 누워 있는 아들과 단둘이 남은 어머니 처지가 꼭 숲속에 버려진 헨젤과 그레텔 같아 마음이 저려왔다. 깊은 숲속 같은 어두운 방 안에 어머니의 목소리와 기계음만 들려오던 그때, 아들은 눈을 깜빡여 여러 신경학적 증상에도 불구하고 자신의 내면에는 여전히 빛이 남아 있음을 알린다.

옛이야기에서는 언제나 깊은 숲속을 헤매는 사람들 앞에 작은 불빛을 보여준다. 그것이 우리 삶에 얼마나 큰 힘과 용기가 되어주는지를 알려준다. 또 변화와 성장이 잘 드러나지 않는 어린이들에게 한결같은 정성을 들이는 일이 얼마나 소중하고 어려운 일인지를 알려주기도 한다. 내가 읽어주는 이야기를 어린이가 온전히 이해하지 못하더라도, 지금 내 앞에 있는 어린이에게 내가 지금 하려는 일을 정성껏 해야 한다고 말이다.

내가 처음 특수교육을 시작하게 된 30여 년 전에는 장애가 심한 학생들은 통합교육도, 지역사회에서 살아가는 일도 어렵다고만 했다. 전공서적에서는 통합과 참여의 가치를 배웠지만 실제로 주변에서 그렇게 살아가는 사람들을 만나볼 수가 없었다. 장애를 가진 어른들의 삶은 아주 예외적인 몇몇을 제외하고는 찾아보기 어려웠다.

당시 내가 가르쳤던 학생들은 대부분 장애가 심한 편이

었는데 그중 여럿은 지금 시설에서 나와 지역사회에서 살고 있다. 힘들지만 열심히, 그리고 즐겁게 살아가고 있다. 30년 전 내가 애타게 찾았던 그 이야기가 되어 현재를 살아가는 제자들을 떠올리면 재미있고 감동적인 영화를 본 것처럼 언제나 가슴 한편이 두근거린다.

세상의 편견을 깨고 보란 듯이 잘 살아가고 있는 그 이야기들이 더 멀리, 더 여러 사람에게 전해지면 좋겠다. 장애를 극복한 이야기가 아니라, 장애를 가진 채로 학교와 지역사회에서 즐겁게 살아가는 이야기들이 더 멀리멀리 전해지면 좋겠다.

처음 자녀의 장애를 알게 된 보호자들이 큰 충격을 받고 오랫동안 상심에 빠져 지냈다는 이야기를 자주 듣는다. 그런데 오랫동안 학교에서 지켜본 바로는 처음의 충격과 상실감에서 벗어나는 시간이 갈수록 짧아지고 있다. 아마도 장애를 가지고도 즐거운 순간들을 경험하며 일상을 살아가는 사람들의 이야기를 과거보다는 비교적 쉽게 만날 수 있기 때문일 것이다.

그래도 아직은 부족하다. 여전히 장애와 장애를 둘러싼 이야기는 당사자와 가족, 그리고 관련 종사자들끼리만 아는 경우가 많기 때문이다.

《쿠슐라와 그림책 이야기》도로시 버틀러 지음, 김중철 옮김, 보림, 2003를 쓴 작가는 이야기를 스스로 찾아 읽을 수 없는 장애를 가진 어린이들에게는 그 이야기를 전해줄 누군가가 더욱 필요하다고 했다.

장애를 가진 어린이들에게는 걷고 말하는 일이, 장애가 없는 어린이들과 비슷해지는 일이 훨씬 중요하다고 여겨서 이야기의 중요성을 간과하는 사람들이 많다. 지적 능력이 부족하기 때문에 이야기를 모를 거라고 생각하기도 한다. 한글을 모르는 학생들이 대부분인 학교에서 도서관 장서가 이렇게 많이 필요하냐고 물은 관리자도 있었다. 지금 그런 관리자는 없지만 여전히 특수학교에는 도서관 시설도, 장서 수도 부족하고 사서도 없다.

장애를 가진 어린이들에 대한 이야기도 더 많아져야 하

고, 더 많은 이야기들이 장애를 가진 어린이들에게 전해져야 한다.

주머니 속에 꽁꽁 가둬두고 나만 알고 있어야 하는 쪽집게 문제집과 달리 이야기는 더 멀리, 더 많은 사람들에게 전해져야 한다. 그럴수록 재미도 있고, 힘도 생긴다. 그게 이야기의 본질이다.

그럴듯한 말로 표현하지 않더라도 어렸을 때 듣고 또 들었던 이야기가 어느 날 문득 어른이 된 나에게 힘이 되어주는 것처럼, 살아가는 일의 어려움과 그 어려움 속에서 우리를 지켜줄 수 있는 연대와 용기, 인내와 해학을 가르쳐주는 이야기들이 필요하다. 장애를 가지고 살아가는 사람들의 이야기가 멀리, 더 많은 사람들에게 전해지기를 바란다.

무엇이,
왜 궁금한가요?

토니 로스의 《수잔이 웃어요》진 윌리스 글,

토니 로스 그림, 허은미 옮김, 2001라는 그림책을 보고 첫눈에 반해버렸

다. 우리나라 말로 번역·출간된 책은 전집에 포함되어 있

어서 원서를 주문해서 보물단지처럼 들춰보곤 하는데, 학

생들과 학부모님들을 처음 만나는 자리에서 꼭 소개하곤

한다. 평범한 일상을 즐기는 수잔이 울고 웃고 화내고 슬

퍼하는, 또래와 다르지 않은 모습을 담담하게 보여주다가

마지막 장에서 휠체어를 탄 수잔의 모습을 보여주는 이 책

은 별다른 설명이 없어서 오히려 더 좋다.

토니 로스의 그림책들을 챙겨보다가 만난 또 다른 그림책은 《왜요?》 린제이 캠프 글, 토니 로스 그림, 창작집단 바리 옮김, 베틀북, 2002다. 딸아이들이 어렸을 때 잠자리에서 많이 읽어주었다. 아이들이 릴리를 따라 "왜요, 왜요? 왜요?" 하고 종알거리면 그림책 속 아버지를 따라 "그냥 그런 거란다!" 하고 괴로워하는 시늉을 하며 재미있게 읽었다. 어린이들이 "왜요?"라고 물을 때 성실하게 답해주겠다 다짐하기도 했고, 자라면서도 세상에 대한 호기심을 잃지 않기를, 주변에서 일어나는 일에 의문을 던지고 스스로 고민을 이어나가는 사람이 되기를 바랐다.

그러다가 '왜'라는 질문이 좋은 것이기만 할까 의문이 생겼다. 자녀의 장애를 고치려고 안 해본 일이 없다는 보호자들의 이야기를 들으면서였다. 가끔 자녀의 건강이나 정서에 변화가 생겼을 때도 우리는 질문을 한다.

'도대체 왜 그럴까?'

합리적인 해결책을 모색하는 질문일 때도 있지만 그렇지 않은 경우도 많이 보았다. 자책하거나("엄마가 너를 이렇게 낳아줘서 미안해", "내가 죄가 많아서 그런가 봐요"), 원망하는("선생님을 잘못 만나서 그래", "네가 노력을 안 했잖아") 말을 들으면 속이 상했다.

그동안 자신을 자책하는 어머니들을 참 많이 만났다. 내가 잘못 낳아줘서, 일하느라 잘 못 챙겨줘서, 심지어 전생까지 들먹이며 자기 탓을 하는 어머니들도 보았다. 제발 그런 쓸데없는 생각은 하지 말라는 조언도 종종 건넸는데, 내 아이가 학교에 적응하지 못하는 시간을 지나오면서 이게 말처럼 쉽지 않다는 걸 깨달았다. 도대체 이 아이는 왜 그러는 걸까, 혼자 생각을 거듭하다 보면 끝에는 늘 엄마인 내가 덩그러니 남아 있었다. 그것도 대개는 지금의 내가 아닌 과거의 나였다. 시간이 한참 지난 다음 남편에게 당신도 그런 자책감에 시달렸느냐고 물으니 고개를 저었다. 나도 모르게 오랜 세월 사회적으로 여성에게, 어머니에게만 주는 압박에 길들여져 있었던 거다.

최근 학교에서 어린이들에게 《왜요?》 그림책을 읽어주었다. 따로 동영상을 만들어 그림책을 감상하고 소감을 알려달라고 주말 숙제로 내주었는데, 한 어린이가 우리 집에서 왜요,를 가장 많이 이야기하는 사람은 엄마라고 했다는 것이다. "왜 안 먹어", "왜 힘을 줘", "왜 싫어", "왜 발을 굴러", "왜 울어"… 하루 종일 왜라고 묻는 건 자신이 아니라 엄마라고 말이다. 이 어린이는 소리 내어 말하지 못하지만 눈빛과 표정으로 자신의 요구를 정확하게 표현할 수 있는데 그림책을 감상한 뒤의 소감도 엄마와 수십 번 대화를 나누어 표현한 것이었다.

월요일 아침에 어린이의 감상을 전달받고 나는 뒤통수를 세게 맞은 느낌이었다. 특정한 시기에 왜, 라는 질문이 폭발하는 어린이가 어른들 입장에서는 번거롭고 귀찮을 때가 있다고만 생각해왔는데 어린이야말로 어른들의 왜, 라는 질문이 지겨웠겠구나 싶었다.

왜, 라는 질문이 끝없이 이어지자 성실하게 대답해주던

아버지도 결국 지친 표정으로 소리를 지른다. "그건 그냥 그런 거야, 그냥 그런 거라고!" 남들과 다른 그 무엇 때문에 움직임이나 사고과정, 감각수용에 어려움이 있는 어린이들도 가끔은 그렇게 소리 지르고 싶지 않을까.

"내가 못 걷는 건, 내가 가만히 앉아 있지 못하는 건, 내가 말을 못 하고 침을 많이 흘리는 건 그냥 그런 거야. 그냥 그런 거라고!"

그림책에서 왜, 라는 릴리의 질문이 제 역할을 하게 된 건 갑작스러운 외계인 침공이 일어났을 때다. 지구를 정복하겠다는 외계인에게 릴리는 집요하게 왜 그래야 하냐고 묻고, 외계인은 릴리의 질문에 대답을 거듭하다가 답변이 궁해지자 그냥 돌아가기로 한다.

릴리가 지구를 구한 것이다.

어린이의 입을 막지 않고 진지하게 대답하려고 애쓰는 외계인들의 모습이 인상적이다. 누군가의 질문에 막무가내로 하려던 일을 멈추고 진지하게 되돌아보는 어른이 우리 주변에 얼마나 있을까 싶다.

장애를 가진 몸으로 비장애인들이 훨씬 많은 사회에서 성장하고 살아가는 어린이들에게 우리가 질문해야 할 것은 왜 장애가 있느냐가 아니다. 그보다 먼저 장애를 가진 어린이들의 삶을 방해하는 것들을 향해 왜, 라고 질문해야 한다.

왜 장애를 가진 어린이들은 집 앞에 있는 학교에 갈 수 없는지, 왜 동네 놀이터에는 휠체어를 탄 어린이들도 즐길 수 있는 놀이기구가 없는지, 왜 휠체어를 탄 사람은 고속버스를 탈 수 없는지, 왜 장애인 콜택시는 대기시간이 그렇게 제멋대로인지 질문해야 한다. 그리고 그 질문에 우리 사회와 어른들이 진지하게 고민하고 해결책을 찾아주어야 한다.

내가 들었던 가장 가슴 아픈 질문 중 하나는, 좀 더 바른 자세로 걷게 만들기 위한 세 번째 정형외과 수술을 앞둔 어린이가 눈물을 글썽이며 했던 물음이다.

"왜, 수술을 또 해야 돼요?"

수술을 결정한 것이 내가 아니라 대답해줄 수는 없었지

만 그 질문은 오래오래 마음에 남았다. 왜 우리는 사회를 바꾸려고 하지 않고 장애를 가진 당사자만 바꾸려고 할까. 왜라는 질문은 왜 장애를 받아들이지 않는 사회가 아니라 장애를 가진 개인에게 던져지는가. 이제는 질문의 대상과 내용이 바뀌어야 하지 않을까.

2015년에 볼로냐 라가치상을 수상한 정진호의 《위를 봐요》정진호 지음, 현암주니어, 2014는 미국에도 번역·출간되었는데 미국판 《위를 봐요》에는 주인공인 수지가 가족 여행 중에 교통사고를 당해 다리를 잃게 되었다는 앞부분의 소개가 빠져 있다. 장애를 가진 어린이를 묘사할 때 그 원인을 서술하지 않는 것이 미국 출판계의 원칙이기 때문이다. 생각해보면 수지가 왜 장애를 갖게 되었는지를 알아야 이 그림책을 제대로 감상할 수 있는 건 아니다.

그럼에도 불구하고 여전히 우리는 왜 그런 장애를 가지게 되었는지 궁금해하고 정확한 병명이 무엇인지도 궁금해한다. 우리는 너무나 자주 누군가의 이름 '앞에' 장애명을 붙이는 걸 당연하게 여긴다.

자폐의 원인을 밝히려는 연구는 아주 오랫동안 엄청난 연구비를 들여서 진행해왔지만 아직 그 원인이 밝혀지지 않았다. 어떤 사람들은 그동안 들인 연구비를 자폐인 지원에 사용했더라면 자폐인들의 삶이 지금보다 훨씬 더 좋아졌을 거라고 주장한다.

그러니 왜, 라는 질문은 이제 개인이 아니라 우리 사회와 시스템을 향해야 한다. 좋은 질문이 좋은 세상을 만들 수 있다.

의사소통은
언제나 어렵다

《쑤·우프, 엄마의 이름》사라 웍스 지음, 김선영 옮김, 낮은산, 2006의 작가에게 반해서 다른 책을 찾아보다가 그림책 《멍멍!》사라 웍스 지음, 박소연 옮김, 달리, 2010을 만났다.

화려한 색감에 큼직큼직한 등장인물들이 눈에 잘 띄는데다, '멍멍', '야옹!' 하는 말들이 자주 나와서 긴 이야기에 집중하기 어려워하는 어린이들에게 들려주기에도 좋다.

수업시간에 이 그림책을 읽어줄 때면 나도 그림책에 나

오는 강아지의 마음이 된다.

어린이들이 귀를 기울여주기를 바라는 마음에 실감나게 "멍멍!" 짖기도 하고, 콧소리까지 동원해서 그럴듯하게 고양이 소리를 흉내내보기도 한다. 카주를 손바닥 안에 숨기고 다른 한 손을 허공에서 이리저리 움직여 트럼본 연주하는 흉내를 내면 어린이들도 잠깐은 신기한 듯 바라봐준다. 내가 읽어주는 이야기의 줄거리는 이해하지 못해도, 강아지와 고양이가 뭔지 잘 몰라도 앞에 있는 사람이 애쓰는 건 알겠다는 표정이다.

수업시간 내내 내가 떠드는 그 많은 단어와 문장의 뜻을 다 이해하지는 못하지만, 그래도 내게 눈길을 보내고, "멍멍", "야옹", "뿌뿌" 하는 소리들에 귀를 기울여주는 그 잠깐의 순간들이 좋다.

나는 강아지는 강아지인 채로; 고양이는 고양이인 채로 서로 사랑하게 되는 이 이야기를 좋아한다. 장애를 가진 어린이들이 있는 그대로 세상에서 사랑하고 싸우고 화해하고 울고 웃으며 살아가는 모습을 그려볼 수 있기 때문이다.

그림책을 함께 읽고 나서 이야기에 귀를 기울이는 어린이들이 보이면 내가 만난 진짜 개와 고양이의 이야기를 들려준다. 찍어놓은 사진들을 함께 보여주면 어린이들은 그림책을 볼 때와 또 다른 관심을 보이기도 한다.

이야기는 2012년부터 식구로 함께 지낸 반려견 '잔디'를 소개하는 것부터 시작한다.

잔디는 늙은 개였다. 이 책의 원고를 쓰는 사이에 아프다가 세상을 떠났는데 우리 집에서 함께 사는 12년 동안 안 가본 곳이 없다는 걸 나중에야 알게 되었다. 자전거와 오토바이를 타보았고, 멀리 땅끝에도 여러 번 다녀왔고, 영화도 보러 갔었고, 학교에 가서 어린이들과 함께 공부를 한 적도 있다. 게다가 고양이와 함께 산책을 하기도 했다! 그림책에서와 달리, 잔디를 따라다닌 건 고양이들이었지만 말이다.

고양이들을 처음 만난 건 2022년 여름, 폭우가 온 나라를 할퀴고 있을 무렵이었다. 봄에 새끼 세 마리를 낳은 어미가 사납게 몰아치는 폭우에 어지간히 갈 곳이 없었던 모양이다. 평소에도 아파트 주변에서 잠깐씩 아기 고양이들과 어미 고양이를 보기는 했지만 그렇게 아파트 입구에 오랜 시간 머무는 모습은 처음 보았다. 바짝 마른 어미 고양이가 가여워서 물과 사료를 조금 챙겨주었다. 비가 며칠 동안 그치지 않아서 물과 사료를 챙겨주는 일도 며칠 동안 이어졌고 언젠가부터 고양이들은 우리가 잔디와 산책하는 시간에 맞춰 나타나기 시작했다. 그렇게 나는 계획에 없던 캣맘 노릇을 하게 되었다.

그러던 중에 길고양이 개체수 조절을 위해서는 중성화 수술을 해주어야 한다는 이야기를 듣고 구청에 연락해서 포획틀을 신청했다. 11월의 어느 날 아침, 포획틀 네 개를 설치하고 기다렸다. 아기 고양이 세 마리는 무사히 포획했는데 노련한 어미 고양이는 새끼가 잡히는 걸 보더니 멀찌감치 달아나버렸다. 그리고 어미를 포획하려던 남은 틀 하나에는 처음 보는 아기 고양이 한 마리가 들어와 있었다.

중성화 수술을 마치고 다시 돌아온 아기 고양이 삼형제와 얼떨결에 잡힌 아기 고양이는 한동안 아파트 입구 자전거 거치대 주변에서 먹고 자고 놀면서 지냈다. 누군가 자그마한 숨숨집을 내놓아서 그 안에 담요와 핫팩을 넣어두기도 했는데 밤사이에 핫팩 수가 서너 배로 늘어 있기도 했다.

6개월여 동안 길고양이를 돌보면서 이웃들의 불평을 들은 적은 단 한 번도 없었다. 주변을 깨끗하게 치우고 인적이 드문 시간에 다니기도 했지만 서로 다른 사람들이 놓고가는 핫팩, 담요, 헌 옷 등을 보며 고양이를 걱정하는 사람들이 생각보다 많아서 다행이다 싶었다. 가끔은 고양이에게 필요한 뭔가를 놓고 가는 동네 사람을 만나 짧은 안부를 나누기도 했다.

시간이 지나면서 네 마리 고양이들이 한 마리씩 사라졌다. 나중에는 반반이라고 부르던 치즈 고양이와 얼떨결에 이 무리에 끼게 된 고등어 무늬 얼떨이만 남았다. 아마도 나머지 두 마리는 저마다 제 영역을 찾아 나섰으리라.

우리 곁에 남은 고양이 두 마리는 언젠가부터 잔디가 산책을 나갈 때마다 함께하기 시작했다. 처음에는 우연이려니 생각했는데 사료도 먹지 않고 잔디의 산책길 주변을 어슬렁거리다가 스윽, 잔디 몸을 스쳐 지나가기도 했다.

'집 안에서 사는 건 어때?', '밖에서 지내려면 힘들지 않아?' 뭐 이런 얘기들을 나누는 건 아닐까 생각하다가 문득 그림책《멍멍》을 떠올렸다. 둘은 어떻게 의사소통을 할까. 강아지랑 고양이랑 소통하는 건 사람하고 소통하는 것보다 쉬울까, 아니면 별 차이가 없을까.

잔디가 무슨 생각을 하는지, 고양이들은 또 무슨 생각을 하는지 알 도리는 없었지만 사람과 개와 고양이가 함께 산책하는 걸 보면서 우린 제법 잘 소통하는 게 아닐까 생각했다.

그러던 어느 날, 반반이가 사라졌다. 우리는 혼자 남은 얼떨이와 하루 두 번의 산책을 이어갔는데 언젠가부터 얼떨이는 산책 시간이 되기도 전에 아파트 출입문 옆에 꼭 붙어 앉아서 우리를 기다렸다. 식구들 사이에 이 정도면 집으로 데려와서 키워야 하지 않을까, 하는 이야기가 나올 때마다 나는 큰소리를 쳤다. "제발로 들어오기 전에는 어림없는 소리야!" 그런 내 말을 알아들었던 걸까. 어느 날 저녁, 얼떨이는 내 뒤를 따라 열린 문 사이로 걸어 들어왔다. 그림책보다 훨씬 더 긴, 강아지와 고양이와 사람이 한 식구가 된 이야기는 여기서 끝이 난다.

지금도 가끔 잔디와 얼떨이가 함께 산책하는 동안 무슨 이야기를 나누었을지 궁금하다. '집에 들어가서 함께 살아도 될까?'였을까, '내가 곧 떠날 것 같으니 우리 식구들 좀 잘 부탁해.' 하는 인사였을까. 잔디의 부탁 때문인지 얼떨이는 우리 식구들을 제법 잘 돌보고 있다.

한 반에 다섯 명쯤 되는 어린이들 중에 의사표현을 정확하게 할 수 있는 어린이는 대개 한두 명 정도다. 나머지 어린이들은 울음이나 웃음으로, 때로는 고개를 가로 젓고 발을 구르는 것으로 자기 생각을 표현한다. 가끔은 스스로를 때리거나 손등을 깨무는 것으로 제 마음을 드러내기도 한다.

"울지 말고 말로 해야지!"

내가 아이를 키우면서 많이 했던 말이기도 하고, 우리 학교 학생들이 자주 듣는 말이기도 하다. 하지만 강아지는 강아지라서 '멍멍' 하고 고양이는 고양이라서 '야옹' 하는 것처럼 어떤 사람들은 눈빛으로, 몸짓으로, 때로는 울음과 화로 얘기할 수밖에 없다.

잘해보려고 했는데 서로의 언어가 달라 오해가 생기기도 하고 실망하고 속상한 순간들도 있을 것이다. 그래서 사회적인 언어를 배우는 것이 중요하지만 그렇게 배워가려면 서로의 말을 이해하려고 노력하는 게 먼저가 아닐까. 그렇게 마음을 쓰고 고민해서 알아낸 상대방의 생각은 귀하고 소중하다. 모든 의사소통은 어렵지만, 어려워서 매력적이다.

장애를 가진 어린이들과 잘 지내고 싶은 내가 잘할 수 있는 건 뭘까 곰곰 생각해본다. 정성껏 그림책을 읽어주고,

웃는 얼굴을 자주 보여주고, 우쿨렐레 반주에 맞추어 인사 노래를 부르며 "우리 교실에서 잘 지내보자!"라고 말을 건네는 거겠지.

나쁜 말이 주는
상처

책방에 갔다가 밝고 환한 표지에 끌려 그림책 한 권을 펼쳐 보았다. 열네 명의 어린이와 수염이 덥수룩한 어른이 붓을 들고 밝은 노랑을 칠하는 모습에서 따뜻함이 보이는 듯했다. 뉴스에서 들려오는 소식들이 하도 답답하고 우울해서 뭔가 밝은 이야기를 보고 싶던 참이었다.

《구름보다 태양》마시 캠벨 글, 코리나 루켄 그림, 김세실 옮김, 위즈덤하우스, 2022은 학교를 청소하던 아주머니가 여자 화장실 벽에 적힌 나쁜 말을 발견하면서 시작된다. 그 나쁜 말은 무엇이었을까. 어린이들은 그 말이 무엇인지, 누가 그 말을 썼는지 궁금해한다. 교장 선생님은 그 화장실을 쓰지 못하게 하지만 어린이들은 궁금함을 참지 못하고 화장실 벽에 적힌 나쁜 말을 기어이 확인한다.

독자들은 그림책을 다 보고 난 뒤에도 그 나쁜 말이 무엇인지 알 수 없다. 그저 그 말을 본 아이들의 표정과 행동을 볼 수 있을 뿐이다.

아이들 중 누군가는 입을 딱 벌렸고, 누군가는 뒤돌아 뛰쳐나갔다. 또 누군가는 아주 세게 칸막이를 걷어찼다. 그 소리에 울음을 터뜨릴 정도로 말이다. 차마 다시 옮기기 어렵고, 옮기는 것만으로도 서로에게 상처를 주고 고통을 주는 나쁜 말. 이 나쁜 말은 학교에 다니는 모든 어린이들의 마음을 고통스럽게 만든다. 이 나쁜 말이 알려지면서 모든 게 달라진다. 어린이들은 걱정하거나 불안해하고 슬퍼하거나 화를 냈고, 예전보다 더 못되게 굴기 시작한다.

전국장애인차별철폐연대의 지하철 시위에 한 정치인이 비난을 던지면서 관련 기사에 숱한 혐오의 말들이 댓글로 줄줄이 달리던 때 이 책을 만났다. 익명의 사람들이 남긴 댓글을 읽다가 나도 모르게 숨을 몰아쉬며 눈물을 훔치던 기억이 떠올랐다. 어떤 말들은 때로 물리적인 힘만큼, 아니 그보다 더 깊고 큰 상처를 남긴다는 사실을 실감하면서 우리 반 어린이들이, 그 어린이의 가족들이 이 기사와 댓글을 보지 않기를 간절히 바랐다.

2023년 여름에는 교권보호가 화두로 떠오른 가운데 발달장애가 있는 학생들의 특정행동을 그 원인에 대한 고려도 없이 자극적으로 묘사하는 기사들이 쏟아졌다. 혐오와 배제를 당연하게 여기는 말들도 여과 없이 쏟아졌다. 자극적인 제목의 기사와 끔찍한 댓글들을 보면서 도대체 이런 기사가 모두에게 어떤 도움을 주나 생각했다. 악의로 가득 찬 댓글들을 볼 때마다 내 속에는 설명하기 어려운 분노와 슬픔이 가득 차올랐다.

장애인 당사자와 가족, 친구들의 마음도 비슷하지 않을

까. 걱정되고 불안하고, 슬프고 화가 나고, 왠지 세상에 만만하게 보일까 봐 더 센 척하려는 마음들만 자꾸 커지는 것 같았다.

얼마 전 이제는 마흔이 다 되어가는 제자를 만나 함께 지하철을 탔다. 사람들이 적지 않은 시간이어서 전동휠체어를 탄 제자와 나는 출입문 쪽에 자리를 잡고 서 있었다. 그런데 술을 한잔하셨는지 알코올 냄새를 풍기는 할아버지 한 분이 제자의 손을 덥석 잡으며 "미안해요, 내가 이쪽 출입문으로 내려야 하는데 정말 미안합니다." 하는 게 아닌가. "실례합니다. 좀 내리겠습니다." 해도 충분했는데 할아버지는 요란하게 제자에게 말을 걸어 주변 사람들의 시선을 끌었다.

당황한 나와 달리 제자는 어색한 표정으로 "아, 네…" 하며 상황을 넘겼다. 문득 30여 년 전, 제자가 초등학생일 때 종종 겪었던 일들이 떠올랐다. 시내로 현장학습을 가면 덥석 손을 잡으며 돈을 주는 사람들을 만나곤 했다. 요즘에는 학교버스로 현장학습을 가는 데다, 단체로 이동하니 지역사회에서 마주하는 이런 상황들을 잊고 있었다.

자립생활지원센터에서 일하는 제자가 지난 십수 년 동안 지하철로 출퇴근하면서 날마다 이런 일들을 겪었겠구나 생각하니 속이 상했다. 동정하고 비난하고 무시하는 여러 말들이 제자에게 어떤 상처와 흉터를 남기고 있을까 생각하기조차 두렵다.

"옛날에는 손잡으면서 돈이라도 줬는데 요즘은 돈도 안 주고 손만 덥석 잡네!" 농담으로 불쾌한 마음을 덮어두고 지하철을 타고 가며 이야기를 이어갔다.

20대 초반의 새내기 교사였던 내가 뭘 했을까 싶은데 어느새 중년이 된 제자는 학교에서 있었던 이런저런 일들을 꼼꼼하게 잘 기억하고 있었다. 내가 했던 칭찬과 격려의 말들을 하나하나 기억해주었고, 함께 준비했던 특별한 행사들을 치러내는 과정이 즐거웠다는 이야기도 해주었다.

제자와 헤어져 집에 돌아오는 길에 제자가 들려준 말들을 하나하나 곱씹어보았다. 오래간만에 마음이 편안해졌다. 학교 현장을 둘러싼 가시 돋친 말들에 날카롭게 곤두서 있던 신경도 차분하게 가라앉는 듯했다. 어쩌면 제자도 오래간만에 옛 선생에게서 들은 칭찬과 격려의 말들이 아주 조금은 도움이 되었을지도 모르겠다.

《구름보다 태양》에서는 나쁜 말에 상처받은 어린이들을 치유하기 위해 특별한 그림 프로젝트를 진행한다. 화장실 벽에 적힌 나쁜 말 위에 꽃과 용, 무지개와 강아지, 수많은 웃는 얼굴을 그려넣는다. 어린이들은 나쁜 말이 여전히 그곳에 있다는 걸 알지만, 그림을 그리기로 마음먹은 그 순간, 모든 것이 달라졌음을 깨닫는다.

어떤 말들은 사람을 지독히도 아프게 한다. 늘 그런 말을 듣고 지내야 한다면 너무 끔찍할 것이다. 도대체 어떤 말이 너를 아프게 했냐고 굳이 묻지 않았으면 좋겠다. 어떤 말들은 아무 감정 없이 그저 되풀이하는 것만으로도 모두에게 상처를 남기기 때문이다.

말을 색으로 표현한다면 다정하고 아름다운 말들은 밝고 연한 색, 나쁜 말들은 어둡고 짙은 색이 아닐까 싶다. 처음부터 어두운색을 칠해놓으면 아무리 여러 번 덧칠해도 잘 가려지지 않는다. 반면에 밝은 바탕에 검은색을 칠하면 단 한 번의 붓질만으로도 그림을 망쳐버릴 수 있다.

하루에도 수십 번씩 혐오와 동정, 차별, 배제의 말을 듣고 있을 제자들에게 한 번이라도 더 응원과 칭찬, 인정과 격려를 해주려고 애쓰는 수밖에 없다. 천천히, 하지만 멈추지 않고 꾸준히 계속 덧칠하는 수밖에.

잘하고 있다고, 내가 도울 일이 있으면 언제든지 알려달라고, 곁에 있겠다고, 함께하겠다고 말해주는 일이라도 더 부지런히 해야겠다.

꼬리가 하는
이야기

  나도 꼬리가 있으면 좋겠다, 고 생각한

건 반려견을 키우기 시작하면서부터다. 반려견에 대한 지

식이 전혀 없던 나는 초등학생이던 두 딸의 성화에 못 이

겨 잔디라는 이름의 강아지를 키우기 시작했는데, 몇 년

뒤에는 쌍문동에서 발견된 유기견 버들이까지 한 식구가

되었다.

    잔디는 자주 꼬리를 내리고 웅크리는 강아지였다. 전에

지내던 집에서도 다른 강아지들보다 소극적이었다고 했다.

잔디는 우리 식구들과 지내는 시간이 길어지면서 익숙해지고 친해지고 나서야 꼬리를 살랑살랑 흔들어주었다. 비강에 종양이 생겨서 두 차례 수술을 받기도 했는데 축 늘어져 있던 잔디가 꼬리를 살랑살랑 흔들기 시작했을 때 그렇게 좋을 수가 없었다. '아, 이제 살았다!' 하는 마음에 기뻐서 눈물을 흘렸다.

버들이는 잔디와 전혀 다른 씩씩한 강아지였다. 몸을 동그랗게 말고 지내던 잔디와 달리 바닥에 네 다리를 쫙 벌리고 엎드려서 꼬리를 살랑살랑 흔들곤 했는데, 호기심과 반가움으로 힘차게 흔들리는 꼬리를 보면 나도 모르게 입가에 웃음이 새어나왔다. 그런데 씩씩한 줄만 알았던 버들이는 어느 날 숨을 심하게 헐떡이더니 갑자기 우리 곁을 떠났다. 지금도 가끔 버들이 생각에 눈물이 날 때면 씩씩한 꼬리를 생각하면서 눈물을 닦는다.

《꼬리야 넌 뭘 했니?》여을환 글, 윤지 그림, 길벗어린이, 2012에 나오는 여우의 꼬리는 몸의 다른 부위들에게 환영받지 못한다. 여우의 코가 맛있는 살코기 냄새를 맡고, 귀가 쫓아오는 개 소리를 듣고, 주둥이가 살코기를 꽉 물고, 눈이 쫓아오는 개를 피해 숨을 곳을 찾고, 앞발과 뒷발이 쌩쌩 달리는 동안 꼬리는 그렇지 못했기 때문이다. 살코기를 빼앗으려고 쫓아오는 개를 향해 꼬리를 살랑살랑 흔들어 따라오라고 했다니 여우의 다른 몸들이 화날 만도 하다. 화가 난 여우는 숨어 있던 꼬리를 밖으로 내쫓는다.

하지만 애초에 꼬리와 여우는 서로 떼어 생각할 수 없는 관계다. 그러니 밖으로 쫓겨난 꼬리가 개에게 물리는 순간 그 고통도 모두가 감당하게 된다. 꼬리를 쫓아낸 건 참으로 어리석은 선택이다.

동물의 꼬리는 걷거나 달리거나 뛰어오를 때, 달리다가 방향을 바꿀 때, 나무를 탈 때 무게중심을 잡아주는 역할을 한다. 여우의 앞발과 뒷발이 쌩쌩 달릴 수 있도록 무게중심을 잡아준 게 꼬리였는데 여우는 그걸 모르고 있었던 셈이다. 또 개과나 고양이과는 꼬리로 의사소통을 한다. 여우를 쫓아오는 개 앞에서 살랑살랑 흔들리던 꼬리는 '따라

올 테면 따라와 봐라, 내 앞발과 뒷발이 얼마나 재빠르다고, 너 따위는 어림도 없지!'라고 말했을지도 모른다.

'세금만 축내는 사람들'이라는 표현을 종종 만난다. 세금을 많이 낼수록 우리 사회에 큰 기여를 한다고 여기는 사람들도 있는 듯하다. 살코기를 주둥이에 물고 너는 이 살코기를 위해 어떤 노력을 했냐고 묻는 여우처럼 말이다.

물론 여우에게 살코기가 중요하듯 성실하게 일해서 돈을 벌고 가족을 먹여 살리는 일은 너무나 귀하고 중요하다. 나도 그렇게 먹고 살기 위해 일하고 있고 그런 내가 자랑스럽다.

하지만 내가 일하는 즐거움을 마음껏 누리는 동안 함께 애쓰는 사람들이 있다는 걸 알고 있다. 우리 어머니는 평생 경제활동을 하신 적이 없지만 나는 어머니 덕에 세상에 태어나 성장하고 어른이 되었으니 우리 어머니가 한 일이 정말 크다. 결혼하고 아이를 낳은 뒤로는 지금까지 시어머니께 기대어 지내고 있다. 늦은 시간까지 학교 일을 한다고, 글을 쓴다고 밖에서 시간을 보내는 나를 대신해 아이들을 돌봐주시고 집안일을 해주신 덕분에 마음 편히 일할 수 있었다. 그런데도 우리 사회가 만든 무언의 압력 때문인지 시어머니는 지금도 "밥값도 못 해서 어쩌냐"는 말을 입에 달고 사신다. 하지만 우리 어머니만큼 밥값을 차고 넘치게, 오랫동안 하고 있는 사람도 드물 거라고 자신한다.

시설에서 나와 10년 넘게 지역사회에서 살고 있는 제자 경수가 제 명함을 보여주며 자랑하던 순간이 떠오른다. 명함에 적힌 직함은 '동료상담가'였다. 그 뒤로 자립생활센터 활동가, 인권옹호팀장 등으로 하는 일의 이름이 바뀌었는데 처음 '동료상담'이라는 단어를 들었을 때 가장 반갑고 기뻤다.

장애를 가진 몸으로 다른 가족 없이 지역사회에서 살아가는 일을 가르쳐주는 일을 경수보다 더 잘할 사람이 있을까. 게다가 경수는 그 명함을 받기 전에도, 말 그대로 쥐꼬리만 한 활동비를 받기 전에도 틈만 나면 시설에 있는 제 친구들에게 연락해서 나와서 살아보라고, 시설 밖에서도 살아갈 수 있다고 소개하는 일에 진심이었다. 사회가 그 일에 가치가 있다고 생각하고 더 많은 급여를 준다면 경수도 세금을 많이 내는 사람이 될 수 있지 않을까.

한번은 우리 학교에서 경수를 불러 교사 연수를 진행한 적이 있다. 심한 장애를 가진 학생들을 가르치는 교사들에게 해주고 싶은 말을 부탁했는데, 늘 운동복 차림이던 경수가 양복을 차려입고 와서 자기가 어떻게 시설에서 나오게 되었는지, 지금은 어떻게 살아가고 있는지를 힘주어 말했다. 많은 선생님들이 고개를 끄덕였고, 강의를 마친 경수 얼굴도 꽤 만족스러워 보였다. 강사료가 입금될 계좌번호를 알려주면서는 입을 다물지 못할 정도로 기뻐했다.

경수가 시설 밖에서 살게 된 뒤로 종종 전화로 사는 이야기를 나누었고 같이 만나 시간을 보낼 일이 있으면 살림살이에 필요한 것들을 더러 챙겨주기도 했지만, 낯선 사람들 앞에서 자기가 사는 이야기를 하고 강사수당을 받는 것은 내가 챙겨준 선물들과는 다른 기쁨을 주었을 것이다.

또 다른 제자 효성이는 지역사회 편의시설들이 잘 만들

어졌는지 확인하는 일을 한다. 늘 하는 일은 아니지만 그 일을 하고 있을 때는 통화하는 목소리에서 힘이 느껴진다. 어느 동네 편의시설이 엉망이라거나, 어느 곳은 좀 잘 되어 있다는 이야기를 한참 늘어놓는다. 새로 지어진 건물이라 학생들과 함께 안심하고 들어갔다가 동선이나 편의시설이 불편해서 난감했던 경험을 떠올리면 효성이가 하는 일의 중요성을 새삼 깨닫게 된다. 건물을 짓고 완공심사를 하는 과정에 다양한 장애를 가진 사람들이 직접 확인해보는 절차를 의무화하면 좋지 않을까 생각해본다.

'세금만 축내는 사람들'이 있다면 그건 대부분 당사자 때문이 아니라 세금도 낼 수 있는 일자리를 만들어주지 않는 사회 때문이다. 특수학교에서는 학생들이 졸업하고 직업을 가지고 자립생활을 할 수 있도록 이것저것 열심히 가르친다. 하지만 일자리를 얻는 경우는 많지 않다. 학생들이 뭘 배우지 못해서가 아니라 우리 사회가 준비되지 않아서다.

특수학교에는 한 교실에 겨우 대여섯 명의 학생들이 있지만 저마다 다양한 특성을 가지고 있다. 내가 하는 말을 잘 알아듣고 열심히 따라하는 학생도 있고, 이런저런 보조기기가 잔뜩 매달린 휠체어에 앉아 표정이나 몸짓으로 좋고 싫은 것을 겨우 표현하는 학생들도 있다. 내 말에 뭐라도 대꾸해주는 학생들에게 자주 말을 걸고 그 학생들의 의견을 따르는 편이지만 언제나 조용히 자리를 지키는 학생들도 눈여겨보아야 한다. 그 학생들이 편안해보일 때 내 마음도 편하다. 그 학생들이 울거나 짜증을 내면 수업 진행이 어려워진다. 드물게 내 수업 중에 활짝 웃는 모습이라도 보여주면 유능한 교사가 된 것 같아 어깨가 으쓱해진다. 살랑거리던 버들이의 꼬리를 볼 때처럼 작고 약한 사람들이 웃는 모습을 볼 때 나도 기분이 좋아진다.

꼬리에 꼬리를 무는, 이라는 표현이 있다. 꼭 몸통이 아니더라도 꼬리에서 시작된 이야기가 얼마나 길게 이어질 수 있는지를 떠올리게 하는 표현이다. 이 꼬리가 끝이겠지,

하는 고약한 누군가의 기대도 조금은 숨어 있을지 모른다. 하지만 이야기는 절대 끊어지지 않을 것이다. 세상에서 꼬리 취급받는 사람들로부터 시작된 이야기들이 꼬리에 꼬리를 물고 계속 이어질 테니까. 길고 끈질겨서 아름다운 이야기에 귀를 기울이고 싶다.

방학의
힘

"아니야, 그렇게 하면 안 되지. 허리 똑바로 펴고, 발은 휠체어 위에 올려야지!"

학교에서 쉬는 시간에 복도를 오가다보면 휠체어나 보행기 뒤에서 어른이 쉬지 않고 지시하는 모습을 자주 볼 수 있다. 복도를 지나가다 보면 "안녕하세요, 동주야, 선생님한테 인사해야지!" 하는 소리도 자주 듣는다. 그 말과 동시에 뒤에 있던 어른은 손바닥으로 학생의 뒤통수를 밀어 고개를 숙이게 한다. 그래서일까, 인사할 때면 아예 제 손을 뒤통수에 대고 고개를 숙여 인사하는 학생을 여럿 알고 있다. 아마 어렸을 때부터 어른들이 뒤통수를 밀어가며 인사를 가르쳤기 때문일 것이다.

"3초만 기다려주세요." 하고 부탁해보지만 쉽지 않은 일이다. "일어서." 라고 말한 뒤에 바로 일으켜 세워주고, "밥 먹자." 하는 말이 끝나자마자 숟가락을 손에 쥐어주는 식이다. 도대체 혼자 할 틈을 주지 않는다.

물론 가만히 보고 있는 일이 어렵기는 하다. 나도 성격이 급한 편이라 어린이들이 혼자서 뭔가 하고 있는 걸 보고 있자면 답답할 때가 많다. 이럴 땐 잠시 눈을 돌리거나 자리를 피하는 편이 낫다.

뇌병변으로 움직임이 자연스럽지 않은 어린이가 옷을 갈아입는 걸 본 적이 있다. 평소 이 어린이와 생활하던 분의 얘기로는 분명히 혼자 갈아입을 수 있다고 했는데 그 모습을 지켜만 보고 있자니 답답했다. 나도 모르게 "아니, 그게 아니고 고개를 숙이고 팔에 힘을 빼야지!" 같은 소리를 했는데, 그때부터 학생 몸이 더 뻣뻣해진 게 한눈에 보였다. 어떻게 할까 생각하다가 편하게 갈아입으라고 말해주고 잠시 자리를 피했다. 잠깐 옆 교실에서 시간을 보내고 돌아와 보니 그 잠깐 사이에 어린이는 옷을 다 갈아입고 자신만만한 표정으로 나를 기다리고 있었다. 그 어린이에게 필요한 건 언어적 촉진이 아니라 잠깐의 조용한 시간이었던 거다.

상담하다가 이런 이야기를 들은 적도 있다. 이 어린이는 독립 보행을 목표로 열심히 치료실을 다니던 학생이었는데 양육자는 변화가 뚜렷하게 보이지 않는다며 답답해했다. 특히 이 어린이는 혼자 벽 잡고 일어서기, 계단 오르기를 (잘할 것 같은데) 이상하게 잘 못 한다고 걱정을 했다. 그러던 어느 날 어린이가 거실에서 노는 걸 지켜보다가 깜빡 잠이 들었는데, 일어나보니 어린이가 냉장고 위에 올려두었던 바나나를 꺼내 먹었더란다. 그 어린이가 냉장고 위에 있는 바나나를 꺼내 먹으려면 거실에서 식탁 의자를 잡고 혼자 일어서서, 다시 의자와 식탁을 차례차례 무릎으로 기어 올라갔다가 바나나를 가지고 다시 거꾸로 단계를 거쳐 내려와야 했다. 그 어려운 일을 어린이가 해낸 것이다. 만약 양육자가 잠들지 않았더라면 식탁 의자 위로 기어올라가는 어린이를 보고 "안 돼, 위험해!" 하며 말렸을 것이다. 그리고 이 어린이가 벽이나 의자를 잡고 혼자 일어설 수 있다는 것도, 제 무릎 높이의 의자에 올라갈 수 있다는 것도 몰랐을 것이다.

촘촘하고 섬세한 교육과정을 수립하고 실행하는 것은 매우 중요하다. 하지만 잠시도 빈틈을 주지 않는 게 정답은 아니다. 어쩌면 우리 모두는 그 빈틈을 이용해 성장하지 않았을까. 그래서 쉬는 시간이 있고, 주말이 있고, 방학이 있다.

장담컨대, 방학이 없었다면 나는 30년 교직생활을 이어가지 못했을 것이다. 10분의 쉬는 시간이 없었다면 하루 5~6시간의 수업도 알차게 할 수 없었을 것이다. 하지만 지난 시간들을 돌이켜보면 10분의 쉬는 시간에도 학생들을 그냥 쉬게 놔두지 못한 때가 훨씬 많았다. 내가 돕지 않으면 물을 마시거나 옆 반에 놀러가는 간단한 일도 할 수 없는 학생들이 대부분이니 그냥 가만히 앉아 있게 두면 안 된다는 생각이 컸다. 지금도 잠시 복도를 함께 걷다 오거나, 음악을 듣게 하면서 쉬는 시간에 할 만한 활동들을 할 수 있게 해주는 편이지만 가끔은 진짜 아무것도 안 하고 푹 쉬는 시간도 꼭 필요하다고 생각하게 되었다. 아무것도 안 할까 봐 쉴 틈을 주지 않으면 자신이 하고 싶은 걸 표현할 수 없게 되어버리기 때문이다.

《마법의 여름》후지와라 카즈에, 하타 고시로 지음, 아이세움, 2004은 여름방학을 앞두고 어린이들과 양육자들에게 꼭 소개하는 그림책이다. 이 책을 소개하면 항상 어른들이 더 좋아하는데 아마 어린 시절의 즐거웠던 추억이 떠올라서일 것이다.

어린 시절의 나는 방학이면 외가에 가서 오랫동안 지냈다. 집 뒤 개천에서 개구리를 잡던 일, 계곡으로 놀러가 신나게 물놀이를 하던 일, 툇마루에 앉아서 삶은 옥수수와 감자를 먹던 일이 떠오른다.

교사로서의 싹을 보인 것도 외갓집에서였는데 동네 애들을 집으로 불러들여 학교놀이를 했다고 한다. 나중에 교사가 되고 나서 외갓집에 갔더니 외가 친척들은 모두 "니가 선생이 될 줄 알았다"며 나도 기억하지 못하는 내 어린 시절을 생생하게 얘기해주셨다.

외할아버지의 자전거 뒤에 타고 읍내 서점에 갔던 일도 즐겁고 고마운 추억으로 남아 있다. 서점 주인이 할아버지와 친구 사이여서 서점에 있는 책을 마음껏 빌려볼 수 있었는데 사실 내가 본 책은 주로 만화였다. 그런데도 할아버지는 "책을 좋아하는 아이"라며 칭찬을 아끼지 않으셨다.

언젠가 겨울에는 폭설로 툇마루까지 눈이 쌓였다. 할아버지는 뒷집까지 삽으로 길을 뚫어주셨고, 그래서 뒷집에 사시던 증조할머니를 만나러 갈 수 있었다. 하지만 이 폭설 때문에 부모님과 만나는 날이 늦어졌고, 그래서 혼자 훌쩍거렸던 기억도 있다.

나의 할머니와 할아버지가 문화센터나 방과 후 프로그램처럼 어린이들의 발달에 좋다는 프로그램을 규칙적으로 진행했을 리는 없다. 그저 하루 세끼 밥을 챙겨주고, "심심해"란 말을 달고 다니는 손주들을 가끔 읍내 나가는 길에 서점에 데려가고, 한두 번은 계곡에도 데리고 갔을 것이다.

그림책 속 두 어린이의 외가살이도 어린 시절의 나와 크게 다르지 않다. 동네 아이들과 매미를 잡거나 나무를 타고 놀다가 벌레에 물리기도 하고 비를 맞기도 한다. 모처럼 외삼촌이 바다에 데려다준 날은 하루 종일 바다에서 논다. 날마다 있는 일이 아니기에 이날의 기억이 더 생생하게 남아 그림책이 될 수 있었을 것이다.

두 어린이의 성장을 가져온 그 여름이 마법이 될 수 있었던 건 온전한 쉼이 있었기 때문이 아닐까. 일상에서도 그런 쉼이 있어야 성장이 가능할 것이다. 3초의 쉼, 10분의 쉼, 주말의 쉼, 그리고 방학의 쉼.

'그런 휴식은 장애가 없는 어린이들에게나 가능한 이야기'라고, 누군가 도와주지 않으면 아무것도 할 수 없는 어린이들에게 쉼은 방치와 같다고 말하는 사람도 있다. 사실은 나도 방치가 될까 봐 10분의 쉬는 시간에도 무언가를 하려고 기를 써왔다.

누군가 도와주지 않으면 몸을 움직일 수 없는 어린이들은 누군가 쉬게 해주지 않으면 쉴 수가 없다. 쉬고 싶다는 의사표현을 하기도 어렵기 때문에 곁에 있는 사람이 잘 살펴보지 않으면 안 된다. 예전에 가르쳤던 한 어린이는 원래 학교로 등교했었는데 가정 사정 때문에 순회학급으로 배치를 바꾸었다. 순회수업은 보통 90분에서 120분 정도 진행하는데 쉬는 시간을 따로 정하지 않고 어린이의 컨디션을 봐가며 과목이나 활동을 바꾸면서 수업을 이어갔다. 그런데 이 어린이는 수업 중간에 종종 한숨을 쉬며 어려움을 호소했다. 학교에서는 볼 수 없던 모습이라 처음에는 내 수업에 문제가 있나 싶어 이런저런 변화를 시도해보았다. 그런데 결과는 다르지 않았다.

한 반에 대여섯 명이 수업하는 교실에서는 아무리 애를 써도 빈틈이 생기기 마련이다. 그러니 쉬는 시간도 없이 빡빡하게 수업을 진행한다고 해도 어린이의 입장에서는 잠깐씩 딴생각을 하거나 그저 멍하니 앉아 있는 틈이 생긴다. 이 어린이는 그동안 그 틈을 잘 누리고 있었는데 순회반 수업을 하면서 한 시간이 훨씬 넘는 시간을 꼼짝없이 교사와 마주하고 있어야 하니 견디기 어려웠던 모양이다. 두어 달이 지난 어느 날, 어린이는 우렁찬 목소리로 "엄마, 차 좀 내와요!"를 외쳐서 나를 당혹스럽게 했다. 나름의 비법을 찾아낸 것이다.

그동안 나와 수업한 다른 어린이들은 왜 그런 표현을 하지 않았을까. 그 어린이들이 공부를 너무 좋아해서라기보다는 쉬고 싶다는 표현을 할 수 없어서였을 것이다. 짜증을 내거나 딴짓을 해보았겠지만 그럴 때마다 활동을 바꾸기만 하니 나중에는 그냥 포기하게 된 것이 아닐까.

연휴를 보내고 돌아온 어린이들에게 어떻게 지냈냐는

질문을 한다. 예전에는 "집에 있었어요." 하는 대답이 많았다면 요즘은 "치료보강 갔어요." 하는 대답을 많이 듣는다. 방학을 앞두고 미리 낮 병동 입원실을 알아보는 어린이들도 많다. 게다가 쉬는 동안에도 OTT 플랫폼으로 교육적으로 도움이 되는 무엇인가를 끊임없이 듣고 본다. 도대체 언제 쉴 수 있는지 걱정될 정도다.

대부분의 어른들은 방학 없는 일상을 살고 있으니 어린이들에게도 방학이 없어도 된다고 생각하는 듯하다. 하지만 그런 어른들도 《마법의 여름》을 보면 고개를 끄덕이며 그림책이 좋다고 한다. 아마 어린 시절 경험했던 자신만의 마법의 여름을 떠올렸기 때문일 것이다. 그 마법의 시간이 지금 여기 있는 모든 어린이들에게도 마땅히 주어지면 좋겠다.

치료보다 재활보다
성장!

《이만큼 컸어요》루스 크라우스 글, 헬린 옥슨버리 그

림, 공경희 옮김, 웅진주니어, 2007의 표지는 발목이 다 드러날 만큼 작

아진 바지를 입은 어린이가 꽃이 활짝 핀 나무 사이를 강

아지와 함께 신나게 뛰어다니는 모습이다. 뒤표지에는 그

보다 조금 작아 보이는 어린이가 체구에 견주어 조금 커

보이는 재킷과 바지를 입고 어색한 표정으로 서 있다.

뒤표지의 작은 어린이는 봄, 여름, 가을, 겨울, 그리고 다

시 봄을 맞이하는 동안 성장해간다. 등장인물은 엄마와 어

린이뿐이지만 곁에는 농장의 풀과 나무, 그리고 병아리들과 강아지가 있다. 어린이는 엄마를 도와 함께 수레를 끌고, 씨앗을 뿌리고, 배나무 열매를 함께 거두며 한 해 동안 쑥쑥 자란다.

하지만 하루가 다르게 쑥쑥 자라는 옥수수와 꽃을 피우고 열매를 맺는 배나무, 금세 어른이 되는 병아리와 강아지에 비하면 어린이의 성장은 눈에 띄지 않는다. 자기 혼자 그대로인 것은 아닌가 걱정하던 어린이는 지난봄 상자에 넣어두었던 두꺼운 옷들이 작아진 걸 확인하고 나서야 자신이 훌쩍 자랐음을 알게 된다.

'나도 이만큼 컸다'고 외치며 손목이 다 드러나는 웃옷을 입고 기쁨이 가득한 얼굴로 재주넘기하는 어린이 모습이 그렇게 힘차고 씩씩해 보일 수가 없다.

초등특수교사인 나는 장애를 가진 초등학교 시기의 어린이들을 가르친다. 하지만 특수학교의 특성상 만 3세에 등원한 어린이들이 유치원 과정을 거쳐 초등학교, 중학교,

고등학교, 전공과까지 다니는 모습을 곁에서 오랫동안 지켜볼 수 있다.

내가 담임을 가장 많이 맡은 학년은 초등학교 1학년인데 어린이들의 성장이 왕성한 시기여서 가르치는 재미가 크다. 휠체어를 타고 입학한 어린이가 걷기 시작하기도 하고, 이유식 비슷한 죽만 먹고 지내던 어린이가 학교 급식을 잘 먹게 되기도 한다. 식구들 외에는 또래 친구를 만나본 적 없던 어린이가 날마다 만나는 친구들에게 관심을 보이기 시작하고, 글자나 숫자에 관심을 가지고 하나씩 배워가는 모습도 볼 수 있다.

아주 어린 시기에 뇌병변장애 진단을 받고 집과 병원만 오가던 어린이들은 학교에 다니기 시작하면서 하루가 다르게 변화한다. 1학년 담임을 해서 좋은 점은 그 변화들 모두를 내가 만들어낸 것처럼 뻐기고 자랑할 수 있다는 점이다. 기쁨에 겨워 재주넘기하는 어린이를 만나는 순간들이 자주 찾아오는 셈이다. 선생님 덕분에 자녀가 좋아졌다는 말을 들으면 기분이 좋지만 사실 내가 뭘 해서라기보다는 제 속도대로 자라고 있는 어린이 옆에 내가 있었던 것뿐이니 부끄러울 때가 더 많다.

물론 반대의 경우도 있다. 내가 열심히 가르쳐서 어린이의 생활이나 학습능력이 많이 좋아졌다고 생각했는데 유명한 치료실을 다녀서, 또는 학습지를 해서 좋아졌다고 하면 힘이 빠진다.

"우리 애가 전에는 안 그랬는데"라는 말을 들으면 내 탓이라는 얘기인가 싶어 마음이 쓰인다. 하지만 어느 쪽으로든 나는 그런 능력자가 아니다. 그저 어린이가 지금 어떤 시기를 지나가고 있는지 잘 관찰하고 잘 성장할 수 있도록 주변을 잘 살펴볼 따름이다.

내가 만나는 어린이들은 아주 어린 시절부터 재활과 치료라는 말을 익숙하게 듣고 자란다. 놀이터보다는 재활병원과 치료실이 더 익숙한 어린이들이다. 재활再活이라는 한자는 '다시 살린다'는 뜻을 갖고 있는데 무엇을 다시 살린다는 걸까. 사고로 신체 일부분이 제대로 기능하지 못하게 되었을 때는 재활이라는 단어가 적절할 것이다. 하지만 뇌병변장애나 자폐, 또는 지적장애를 가지고 태어난 어린이들이 무엇을 다시 살려야 한다는 말인가.

재활rehabilitation과 가활habilitation로 구별하는 경우도 보았지만 우리 일상에서는 여전히 재활이라는 말이 더 널리 쓰이고 있다. '다시 살려낼' 누군가가 어떤 모습인지는 깊이 생각해보지도 않은 채 그저 열심히 재활을 위해 노력하는 것 같다.

치료라는 말도 그렇다. 찢어진 상처를 꿰매고 소독하는 건 치료 부위도 명확하고 치료 경과도 잘 보이지만 장애를 치료한다니, 무엇을 어떻게 고친다는 것인지 언뜻 알 수 없는 경우가 많다.

그럼에도 불구하고 많은 양육자들은 재활과 치료를 위해 노력을 아끼지 않는다. 그리고 점점 더 많은 치료가 새롭게 생겨나고 있다. 물리치료, 작업치료, 언어치료, 음악치료, 미술치료, 인지치료, 원예치료…, 그리고 독서치료도 있다.

시간당 몇 만원 하는 음악치료를 받으러 가느라 학교 음악수업을 받지 못하는 어린이들이 있다. 학교에서는 전문적인 치료와 재활을 받을 수 없기 때문이라고 한다. 지금이 아니면 기회가 없다고, 한 살이라도 어렸을 때 하는 데까지 해보고 싶다는 양육자들의 간절한 마음은 이해가 된다. 해줄 수 있는 게 이것밖에 없다는 양육자들도 만났다.

하지만 지금이 아니면 기회가 없는 것은 재활과 치료뿐이 아니다. 돈으로 살 수 없는 것 중에도 어린이의 성장을 위해 해줄 수 있는 것들이 얼마든지 있다. 어린이들은 놀면서 배우며 성장한다.

장애를 가진 어린이들에게 치료와 성장은 구별하기가 몹시 어렵다. 장애를 가진 어린이가 뒤늦게 첫걸음을 떼었다면, 원하는 것을 달라고 말할 수 있게 되었다면, 친구를 사귀게 되었다면, 치료가 성공했다고 해야 할까, 어린이가 잘 성장했다고 해야 할까.

나는 어린이가 성장한 것이라고 생각한다. 물론 여러 치료와 교육의 도움을 받았겠지만 그 변화는 치료의 성공을 증명하는 것이 아니라 어린이의 성장을 확인하게 해주는 것이라고 생각한다.

그림책에서 어린이는 작아진 옷가지에서 성장을 확인한다. 재주넘기하는 걸 보면 몸을 다루는 능력도 훨씬 좋아졌을 것이다. 그것 말고도 여러 면에서 어린이는 작년 겨울보다 훨씬 더 성장한 어린이가 되었을 것이다. 그림책에서 따로 묘사하고 있지는 않지만 눈에 보이지 않는 성장에도 어린이와 어머니는 함께 기뻐했을 거라고 생각한다.

장애를 가진 어린이의 성장을 발견하고 함께 기뻐하는 일은 좀 더 드러나게 해야 한다고 생각한다. 왜냐하면 장애를 가진 어린이들의 성장은 종종 눈에 띄지 않거나 무시당하기 쉽기 때문이다. 많은 어린이들이 고개를 들고 눈을 맞추고 연필을 쥐고 끼적거리는, 별것도 아닌 일들을 어렵게 배우고 익힌다. 그리고 그때마다 소위 '사람 구실', 또는

'자립'을 떠올리며 더 높이, 더 멀리 있는 과제를 먼저 들이미는 어른들을 많이 만났을 것이다.

재활과 치료를 받지 않아도 서고 걷고 재잘재잘 떠드는 어린이들이 있는가 하면 하루 종일 집중치료를 받는데도 좀처럼 달라지지 않는 어린이들이 있다. 나는 그 어린이들도 자신의 모습에 실망하고 속상해한다고 생각한다. 그런 답답함이 울음이나 짜증, 자신이나 다른 사람을 향한 폭력으로 드러나기도 할 것이다. 이때 함께 실망하기보다는 너도 분명히 조금씩 자라고 있다고, 너무 걱정하지 말라고 아낌없는 응원과 지지를 보내주어야 한다.

성장을 확인하기 위해서는 잠시 멈추고 쉬는 시간이 필요하다. 두꺼운 겨울옷을 잠시 옷장에 넣어두지 않았더라면 어린이는 그동안 부쩍 자란 자신을 발견하고 기뻐하는 경험을 하기 어려웠을 것이다. 물론 언젠가는 날마다 입고 있는 옷이 작아졌다는 사실을 알아채겠지만 자신의 성장을 발견하는 기쁨은 좀 덜하지 않았을까.

언제 한글을 뗄 수 있을까, 언제 걸을 수 있을까, 언제 말이 통할까 하루하루 발을 동동 구르며 지내지 않았으면 좋겠다. 그런 걱정들은 큰 상자에 담아두고 일단 꽃을 키우고 열매를 거두는 우리의 일상을 살아가면 좋겠다.

최근 5년 전 담임했던 어린이들을 담임으로 다시 만나게 되었다. 지난 5년 동안 모든 어린이들이 저마다 성장했다는 것을 날마다 기쁘게 확인하고 있다. 지난 5년간 충실하게 어린이들 곁을 지켜주었던 여러 사람들의 손길과 마음이 느껴져서 감사하다. 고마운 그분들도 어린이들의 성장을 함께 알아채고 기뻐하면 좋겠다.

모두의 성장과 독립을
응원하며

  언제 누구에게 들었는지 기억에는 없
지만 잘 알고 있는 옛날이야기들이 있다. 그중에는 차별과
편견을 그대로 담고 있어서 이제는 불편한 이야기가 되어
버린 것들도 있다.

그중 대표적인 이야기가 《반쪽이》다. 예전에는 장애인식
개선 도서로 소개되기도 했다. 몸은 반쪽이지만 형제들보
다 힘도 세고 마음씨도 착한 주인공이 나중에 꾀를 내어
장가도 들게 된다는 이야기로 끝을 맺는데, 반쪽이(장애가

있는 사람)를 괴롭히면 안 된다는 교훈을 끌어낼 수 있다는 생각에 어린이들에게 소개를 했다. 장애를 가진 인물이 옛이야기에 나오는 경우가 워낙 드물다보니 조금 반가운 마음이 들기도 했었다.

하지만 시간이 더 지나 한밤중에 느닷없이 반쪽이에게 업혀 가는 여자 입장에서 생각해보니 이야기는 더 이상 통쾌하지도, 재미있지도 않았다. 아무리 반쪽이의 삶이 행복하기를 바란다고 해도, 이름도 붙여주지 않은 다른 여성을 트로피 취급할 수는 없었다.

반쪽이보다 더 널리 알려졌지만 마찬가지 이유로 더 이상 재미있게 들을 수 없는 이야기 중 하나가 바로 《선녀와 나무꾼》이다. 이제 선녀와 나무꾼 이야기를 어린이들에게 직접 들려주는 경우는 찾아보기 어렵다. 대신 인권교육을 하는 현장에서 현대에 일어나는 여러 범죄 행위를 이해시키기 위해 이 이야기를 상기시키기도 한다. 목욕하는 선녀를 훔쳐본 죄, 다른 사람의 옷을 훔친 죄, 거짓말을 해서 선녀와 혼인한 죄 등이 이야기 속에 들어 있기 때문이다.

《난 커서 바다표범이 될 거야》니콜라우스 하이델바흐 지음, 김경연 옮김, 풀빛, 2015는 《선녀와 나무꾼》을 떠오르게 한다. 켈트족 설화를 바탕으로 한 이 책에서 원래 바다표범이었던 엄마는 자신의 가죽을 찾자마자 아이를 두고 바다로 돌아가 버린다.

여자의 날개옷을 훔쳐서 날아가지 못하도록 한 뒤에 결혼하고 아이를 낳는 이야기는 전 세계적으로 널리 분포되어 있는 설화인데, 유럽에서는 백조 깃털을 입고 하늘로 날아가는 여자가 등장해서 백조처녀설화라고도 한다. 이탈리아에서는 비둘기가, 켈트족 설화에서는 물개의 모습을 한 셀키가, 크로아티아 전설에서는 여자 늑대가, 아프리카에서는 버팔로로 변하는 여자가 등장하는 식이다.

특이한 점은 날개옷을 찾아내어 살던 곳으로 돌아갈 때 아이를 데려가는 건 우리나라뿐이라는 점이다. 다른 설화에서는 엄마와 헤어지고 남은 아이들이 자신들의 종족을 이루어 번창함으로써, 설화가 씨족 신화로 이어진다고 한다.

처음에는 아이를 두고 바다로 가버린 엄마를 보고 깜짝 놀랐다. 《선녀와 나무꾼》에 나오는 선녀는 양팔에 하나씩 아이를 둘도 안고 가는데 겨우 하나를 놓고 간다고? 하지만 다시 생각해보면 아이 입장에서는 부모가 헤어지는 상황에 살던 곳까지 그 뿌리부터 바뀌어야 한다면 그게 더 혼란스러울 수도 있겠다 싶다.

문득 궁금해진다. 만약에 선녀가 아이들을 두고 하늘나라로 갔다면 어떻게 되었을까? 그보다, 하루아침에 엄마 품에 안겨 아빠도 할머니도 친구도 없는 다른 세계에서 살게 된 아이들은 행복했을까?

사실 민담은 아이 얘기가 아니라 낯선 세계에서 살다가 고향을 찾아가는 여성 이야기를 하는 것이므로 아이 삶에 대한 세부적인 내용이 포함될 필요는 없다. 하지만 굳이 자기가 낳은 아이를 데리고 가는 모습에서 자녀를 자신과 동일시하는, 더 나아가 자신의 소유물로 여기는 우리나라 부모들의 모습이 보이는 듯하다.

《난 커서 바다표범이 될 거야》는 바다로 돌아간 엄마보다 남겨진 어린이를 생각하며 만들어낸 그림책이다. 엄마가 사라진 다음, 아빠는 어린이를 오래오래 꼭 껴안아준다. 또 엄마는 이따금 커다란 바위 위에 갓 잡은 고등어 두 마리를 놓아두어서 어린이에게 안부를 전한다. 최선을 다해 각자의 사랑을 전하지만 자녀를 소유하지 않는 관계가 조금 부럽기도 하다.

그림책의 마지막 장에서 어린이는 '크면 뱃사람이 되거나 바다표범이 될 것'이라고 말한다.

두 세계 사이에 걸쳐진 존재로서의 고민이 담긴 말이기도 하지만 나에게는 자기 자신이 되겠다는 말로 읽혔다. 어린이가 자라서 뱃사람이 되든 바다표범이 되든 그건 어린이의 선택이다. 그러니 어쩌면 어린이를 집에 두고 간 엄마야말로 어린이의 선택을 존중하고 지지하는 존재가 아니었을까.

장애 자녀를 둔 양육자—주로 여성—가 새로운 선택을

하려고 할 때 얼마나 많이 망설이고 주저하는지 곁에서 지켜보았다.

여성 양육자가 있으면 그만큼 촘촘하게 자녀를 돌봐주기 때문에 교사 입장에서도 마음이 편하고 든든한 것이 사실이다. 하지만 우리 반 어린이의 어머니가 아니라 친구나 언니, 또는 동생이라고 생각하면 안타까운 마음이 들 때가 많다. 어떤 면에서는 반쪽이에게 업혀 간 처녀나 날개옷을 빼앗긴 선녀와 비슷하다는 생각이 들기도 한다.

꼭 어머니만 그런 건 아니어서 자녀를 위해서라면 무엇이든 희생하겠다는 다짐과 각오를 밝히는 분들을 많이 본다. 아름답고 고마운 마음이라 생각하면서도 속으로는 무엇이든 희생하시진 말라고 중얼거린다.

우리나라의 돌봄을 둘러싼 환경이 아직 많이 부족한 것은 사실이지만, 이런저런 사정을 생각하다 보면 하늘로, 바다로 돌아갈 수 있는 날은 결코 오지 않는다. 그러니 사회는 믿지 않더라도 자녀 내면에 숨어 있는 힘을 믿으면서 조금씩 거리를 만들어보시기를 간절히 응원한다. 자녀보다 하루만 더 살고 싶다는 생각은 멀리 보내시기를 바란다.

"그래도 우리 아이는 너무 심해요" 하는 말을 정말 많이 들었다. 그때마다 나는 지금 시설을 나와 지역사회에서 지내는 제자들 이야기를 한다. 그 제자들을 보면서 시설에서 나오는 순서는 지적인 능력이나 이동 능력, 의사소통 능력과는 관계가 없다는 걸 확실히 알게 되었다. 지역사회에서 살고 싶은 의지가 강한 사람이 가장 먼저 나올 수 있었기 때문이다.

그러니 지금 당장은 아니더라도 언젠가는 양육자가 없는 세상에서 살아갈 자녀의 모습을 열심히 머릿속으로 그려보면 좋겠다.

최근에는 탈시설이라는 말이 많이 알려진 것 같다. 그런데 탈시설을 막아서는 이들 중에 장애 자녀를 둔 보호자들이 있다는 이야기를 듣고 마음이 무거웠다. 자녀가 시설 밖으로 나오면 다시 집으로 돌아온다는 생각에 그렇게 반대한다고 한다. 가정 안에서 온전히 돌봄을 책임져야 했던 힘들고 고단했던 기억 때문일 수도 있다.

그러니 이제부터는 장애인들이 가족 이외의 사람들과 소통하고 지역사회의 여러 활동에 참여할 수 있도록, 원한다면 누구든 지역사회에서 자립생활을 할 수 있도록 지원해야 하지 않을까. 늙고 병든 보호자들이 지쳐서 떠나기 전에 지역사회가 그 책임을 빨리 가져가면 좋겠다.

《난 커서 바다표범이 될 거야》에서 엄마는 평소 어린이에게 바닷속 이야기를 자주 들려주는데 여덟 면에 걸친 그 이야기는 엄마가 떠난 뒤에 다시 한 번 펼친 면으로 재현된다.

이 이야기들이 여전히 어린이 곁에 남아 엄마를 대신해 어린이를 응원하고 위로해 주었을 거라고 생각한다.

장애를 가진 어린이들에게 힘이 되는 이야기는 무엇일까 생각해본다. 일어날지 모르는 기적 이야기보다는, 온몸에 힘이 잔뜩 들어가는 장애 극복 이야기보다는, 자신을 닮은 사람들이 즐겁고 신나게 살아가는 그런 이야기면 좋겠다.

누군가의
좋은 길동무로

얼마 전 마리가 엉엉 울면서 교실로 들어섰다. 마치 패닉에 빠진 것처럼 몹시 흥분해서 "살려 주세요!"를 외치며 우는 마리의 휠체어 손잡이는 같은 반 친구 보경이의 활동지원사가 잡고 있었다. 도대체 무슨 일인가 싶어 사정을 들어보니 평소 활동지원사에게 말을 함부로 하던 마리가 화장실에서 소변을 보다가 "자꾸 이렇게 하면 잘라버릴 거예요!"라고 했단다. 뭐가 마음에 안 들어서였겠지만 마흔 살도 넘게 나이 차이가 나는 어린이에게 이런 말을 듣고 기분이 좋을 사람은 없다. 곁에서 지켜보던 보경이의 활동지원사는 그냥 듣고 넘길 말이 아니지 싶었단다. 그래서 "그래? 그럼 오늘부터 내가 네 활동지원사할게!" 하며 마리의 휠체어를 밀고 교실로 들어온 거였다. 활동지원사를 잘라버리겠다고 큰소리쳤던 마리는 막상 보경이의 활동지원사가 제 휠체어에 손을 대자마자 "활동지원사 선생님이 없으면 안 돼요!"라며 온 학교가 떠나가라 엉엉 울기 시작했다고 한다.

활동지원사들에게 아무리 어린이라 해도 거짓으로 겁주는 건 적절치 않다고 말씀드린 다음, 일단 활동지원사들을 교실 밖으로 내보냈다. 그러고는 마리를 간신히 달래 울음을 그치게 하고 나서 천천히 설명해주었다. 마음에 안 드는 점이 있다고 잘라버린다는 말을 하는 건 옳지 않고 그렇게 할 수도 없다, 마찬가지로 일이 하기 싫다고 당장 그만두는 건 옳지 않고 그렇게 그만둘 수도 없다고 말이다. 마리는 고개를 끄덕이며 울음을 그쳤고, 다음 쉬는 시간에는 아무 일도 없던 것처럼 반갑게 활동지원사를 만났다. 하지만 내 머릿속에서는 이 일이 쉽게 지워지지 않았다.

2022년 6월에 특수교육보조인력이라는 명칭이 특수교육지원인력으로 바뀌었다. 그보다 먼저 장애인활동보조원이라는 명칭은 장애인활동지원인으로 바뀌었다. 보조의 사전적 의미는 '보충하여 돕는다', 지원은 '지지하여 돕는다'는 뜻을 가지고 있다. 보조기기, 보조공학이라는 단어는 여전히 사용되고 있으니 지원이라는 뜻에는 돕는 사람의 의지가 더 반영된 것으로 보이는데 두 단어의 공통점은 '돕다'에 있다.

돕는 사람과 도움을 필요로 하는 사람. 처음 이 제도가 생겼을 때부터 이 관계의 어려움에 대한 이야기를 많이 들었다. 일방적으로 도움을 제공하는 것에 불만을 토로하는 당사자가 있었고, 자신을 함부로 대하는 이용자에게 서운해하는 활동지원사도 있었다.

학령기의 장애어린이에게는 더더욱 '가르치는 것'과 '지원하는 것'의 차이를 알고 구분하는 일이 쉽지 않다. 지원받는 사람과 지원하는 사람의 나이 차이도 커서 자신에게 필요한 지원을 직접 요구하기도 어렵다. 학교에서 학생들과 지원인력이 주고받는 대화를 지켜보면 아무래도 돕는 사람이 너무 일방적이라는 생각이 들곤 한다.

사실 마리 같은 어린이는 좀처럼 보기 어렵다. 장애를 가진 어린이들은 대개 경험도 부족한 데다가, 의사소통 능력도 떨어지고, 움직임도 섬세하거나 빠르지 않아서 도움을 주는 사람에게 모든 것을 의지하게 된다. 지원을 제공하는 입장에서도 어린이의 직접적인 요구보다는 보호자의 요구를 반영하는 경우가 많다 보니 자연스럽게 양육자나 교사의 시선으로 어린이를 대하게 되는 듯하다. 물론 양육자 입장에서는 자신을 대신해서 누군가 자녀를 지원해주기를 기대하겠지만 '학교에 따라온 엄마나 아빠'를 상상하면 아무래도 좀 이상하다.

그렇게 보호자를 대신하는 지원인력과 함께 학령기를

지내온 장애인이 성인이 되었다고 하루아침에 자기주장이 강해질 리는 없으니 그렇게 일방적인 관계가 계속 이어지는 건 아닌가 걱정되기도 한다.

대학로에 가면 노들장애인야학이라는 곳이 있다. 지체장애나 발달장애를 가진 장애성인들이 배움을 이어나가는 공간인데 홈페이지에 가면 이런 문구를 볼 수 있다.

만약 당신이 나를 도우러 여기에 오셨다면,
당신은 시간을 낭비하고 있는 겁니다.
그러나 만약 당신이 여기에 온 이유가
당신의 해방이 나의 해방과 긴밀하게 결합되어 있기 때문이라면,
그렇다면 함께 일해봅시다.

— 멕시코 치아파스의 어느 원주민 여성 —

이 말을 홈페이지에 걸어둔 까닭은 일방적으로 돕겠다

고 팔 걷어붙이고 나서는 사람들 때문에 괴로웠던 경험들이 모두에게 있기 때문이 아닐까. 여전히 특수교사를 희생과 봉사정신, 그리고 사명감과 결부지어 생각하는 사람들이 많다. 그리고 이렇게 생각하는 사람들일수록 자신이 하는 일에 대한 비판을 견디지 못한다. 스스로를 희생하며 최선을 다한 자신이 무시당했다고 생각하기 때문이다. 그러니 배신감과 억울함만 가득 남게 된다. 또 당사자나 보호자가 그런 기대를 갖고 있으면 희생과 봉사가 없는 사람을 특수교사로 인정하지 못한다. 교육노동자인 교사를 상상하지 못하는 것이다.

다행스럽게도, 나는 먹고 살기 위해 일을 한다. 십수 년 전에 경제적인 책임을 전적으로 감당해야 했던 시기가 있었는데 사실은 그때 학교를 떠나고 싶다는 생각을 가장 많이 했다. 경제적인 부담만 없다면 자유롭고 싶다는 생각을 하면서 꾸역꾸역 학교에 다니던 시절이 있었다. 그런데 지나고 보니 그 시기를 통해 나는 내가 하는 일의 보람과 즐거움을 더 깊이 깨달을 수 있게 되었다. 그래서 나는 우리 반 학생들이 고맙고 사랑스럽다. 내 말에 귀 기울여주고, 내가 하는 작은 몸짓에 온몸으로 대꾸해주는 어린이들이 좋다.

내가 만나는 학생들 덕분에 내가 이만큼 사람구실하면서 살 수 있게 되었다는 생각을 종종 한다. 사람 구실이라는 말에는 경제적인 부분과 일의 보람, 정서적인 안정감 등이 모두 포함되어 있다. 한편으로는 내가 이렇게 폼 잡고 사는 동안 내가 가르쳤던 학생들은 어디서 어떻게 지낼까 생각하면 늘 부끄럽고 미안하다. 그런데도 내가 가르친 학생과 보호자들은 늘 지나치게 고마워해주신다. 그때마다 몸 둘 바를 모르겠다. 또 한편으로 생각해보면 교사에게 고마워하는 건 학생이나 보호자들이 해야 그럴듯하다 싶다.

"도와주셔서 고맙습니다" 하는 말은 도움을 받는 사람이 하는 말이고 "필요하면 뭐든 돕겠습니다" 하는 말은 도움을 주는 사람이 해야 하는 말이다. 이게 바뀌면 곤란하다. 내가 너를 도와주니까 고마워해야지, 내 덕에 먹고 사니까 내가 원하는 건 뭐든 다 해줘야 해, 라는 태도가 느껴질 때도 있다. 아무래도 '돕는다'는 말이 주어와 목적어를 필요로 하는 말이라 오해를 불러일으키는 것은 아닐까.

이런저런 생각을 하던 참에 '길동무'라는 말을 만났다. 발달장애청년들의 마을살이를 지원하는 사부작이라는 단체를 알게 되었는데 활동지원사를 포함해 발달장애 청년들을 지원하는 사람들을 '길동무'라고 부르고 있었다. 공식적인 명칭으로 사용하기에는 어려움이 있겠지만 장애당사자와 활동지원사의 관계를 설명하는 데는 꼭 알맞은 말이 아닌가 싶다.

해마다 한 번씩 아이들에게 꼭 읽어주는 그림책 중 하나가 《재주꾼 동무들》 김효숙 글, 김유대 그림, 길벗어린이, 2015이다. 한 반에서 다섯 명의 어린이들을 가르치던 해에는 단지손이, 콧김손이, 가죽손이, 고무래손이와 학급 어린이들을 짝지어 이야기를 읽어주기에 아주 좋았다.

서로 다른 친구들이 만나서 함께 길을 떠나는 이야기가 되풀이되는 것도 내가 좋아하는 대목이다. 길을 떠나기 위해, 세상 구경을 하기 위해 친구를 만나고 친구들과 함께 하는 이야기가 참 좋다.

우리 반 아이들 곁에도 치료사, 선생님, 엄마, 지원사님 대신 친구 같은 길동무가 있어서 함께 세상 구경도 가면 좋겠다. 그리고 언젠가는 나도 누군가의 좋은 길동무가 되어줄 수 있기를 바란다.

나는 학교가 좋다

저는 일곱 살에 초등학교에 입학해 지금까지 쭉 학교에 다니고 있습니다. 무려 46년째라며 투덜거리기는 하지만 사실은 학교를 꽤 좋아합니다. 학교에서 지내는 모습은 조금씩 달랐겠지만 어린 시절부터 지금까지 저는 늘 학교가 좋았습니다. 교무실은 싫어했지만(지금도 싫어합니다!) 좋아하는 선생님은 언제나 있었고, 축제나 체육대회는 너무 싫었지만 운동장 스탠드에 앉아 좋아하는 친구와 시간 가는 줄 모르고 이야기하는 건 좋았습니다. 친구들의 이름을 하나씩 부르며 수를 늘려가던 등굣길과 인사를 나누며 친구들을 한 사람씩 바래다주던 하굣길을 좋아했습니다. 여럿이 왁자지껄하게 다니는 걸 싫어해서 그래봤자 친구들 수가 넷을 넘은 적은 드물었지만요. 가끔은 학교 운동장이나 교실보다 더 선명하게 학교 가는 길이 떠오르기도 합니다.

《우리는 학교에 가요》황동진 지음, 낮은산, 2012의 어린이들도 그렇습니다. 글로 이야기하지는 않지만 학교 가는 길을 좋아하는 어린이들의 마음이 느껴집니다. 그림책은 동이 트기 전부터 집안일을 해놓고 한 시간을 넘게 달려서 학교에 가는 케냐의 어린이, 배 안으로 차오르는 물을 퍼내며 학교로 가는 캄보디아의 어린이, 자루 안에 있는 동생을 안고 케이블에 매달려 계곡을 건너는 콜롬비아의 어린이, 세상에서 가장 높은 곳에 있는 학교를 향해 가파르고 좁은 산길을 걸어가는 네팔의 어린이들을 차례차례 소개하고 있습니다.

힘들고 지쳐서 포기하고 싶을 때도 있고 가끔 딴생각을 할 때도 있지만 저마다의 꿈을 품고 웃는 얼굴로 모여 앉은 어린이들은 학교를 무척 좋아하는 게 분명합니다. 이 어린이들만큼, 또 어린 시절의 저만큼이나 학교를 좋아하던 또 다른 어린이들이 떠오릅니다.

첫 학교에서 만난 동식이는 1학년 첫 방학식을 마치고 "이제 방학이니까 내일부터는 학교에 오지 않습니다"라는 제 말에 눈물 콧물을 다 쏟으며 울었습니다. 긴 문장을 이해하기 어려운 탓에 제가 한 말을 '학교에 오지 말라'는 말로 이해해버린 것입니다. 동식이는 학교에 올 때마다 세상 환한 표정을 했고, 뭘 시켜도 열심히 최선을 다하는 어린이였습니다. 가끔은 제 뜻대로 안 되는 자신의 몸이 답답해서 속상해했지만 학교를 좋아하는 마음만은 변하지 않았습니다.

장애아동 요양 시설 안에 있는 파견 학급이었고, 개인별 휠체어도 보급되지 않던 시절이어서 많은 학생들이 복도를 구르거나 기어서 학교로 왔습니다. 팔꿈치랑 무릎에는 두껍게 굳은살이 자리하고 있었지만 모두 기쁜 표정으로 교실에 들어섰고, 저는 바닥에 앉아 그 학생들을 맞이했습니다.

그중에는 '빈 가방'이라는 별명을 가진 정호도 있었습니다. 교실에 학습준비물이 다 갖춰져 있으니 가방을 들고 올 필요가 없는데도 보육교사가 입학선물로 준 가방이 없으면 학교에 가려고 하질 않았습니다. 딱히 담을 게 없기도 하고, 무거우면 움직이기도 어려워서 말 그대로 '빈 가방'이었지만 정호는 그 빈 가방을 등에 메고 무릎으로 기어서 환한 얼굴로 학교에 왔습니다. 동식이와 정호의 꿈은 무엇이었을까요.

모든 어린이들이 웃는 얼굴로 학교에 오는 건 아닙니다. 입학식 날, 몹시 슬픈 얼굴로 "우리 아이가 이 학교에 입학할 거라고는 단 한 번도 생각해보지 않았다"며 눈물을 보이는 보호자를 만난 적도 있습니다. 입학을 축하한다는 교사의 말에 화가 난다는 이야기도 덧붙였습니다. 곁에 있는 어린이의 표정도 슬퍼보였습니다. 왜 우리 아이는 집 앞에 있는 학교에 갈 수 없는지 원망하는 마음으로 학교에 오는 경우도 많을 것입니다. 그렇게 입학해서 10년 이상 한 학교에 다니는 동안 어린이와 그 가족은 다른 어린이들처럼 꿈을 잘 찾아가고 있을까, 혹시 꿈을 잃어가고 있는 건 아닐까 걱정이 되기도 합니다.

학교를 좋아하는 저와 다르게 저희 집 아이들은 학교를 그리 좋아하지 않았습니다. 학교에 가기 싫다는 말로 여러 차례 가슴을 철렁하게 하더니 결국 한 아이는 남들보다 조금 일찍 학교를 그만두었습니다. 우리나라 고등학생의 3~4퍼센트 정도가 중간에 학업을 포기한다고 하니, 100명

중의 세 명 정도면 그럴 수 있는 일이라고 받아들여야 하나 생각하며 속상한 마음을 달래보았지만 마음이 아주 편하지는 않았습니다.

왜 어떤 사람은 학교를 좋아하고, 또 다른 누군가는 학교를 싫어할까. 선생님을 잘못 만난 탓일까, 나쁜 친구를 만난 탓일까, 아니면 무엇이 문제일까. 답 없는 질문을 혼자 오랫동안 품고 있었습니다.

학교는 한 사람의 교사, 한 명의 친구, 특별한 교육과정 같은 것으로 설명하기는 어려운 곳인 것 같습니다. 실제로 학교에는 다양한 성품과 재능을 가진 다양한 연령의 교사들이 학생들을 가르칩니다. 저 역시 그렇게 다양한 교사들을 만나면서 깊거나 얕게 영향을 주고받았겠지요. 게다가 학교에는 교사들보다 훨씬 더 다양한 성격과 배경을 가진 학생들이 있습니다. 지루하고 심심한 교과수업부터 흥미진진한 여러 행사들까지, 정말 온갖 일들이 그 안에서 다 일어납니다. 그러니까 말 그대로 학교에서, 학교를 통해 배우고 성장하는 셈이지요.

시간이 제법 흘러 이제는 모든 사람들이 꼭 남들처럼 학교를 다녀야 하는 건 아니라고 생각하게 되었습니다. 어디서든 이루고 싶은 꿈을 꿀 수 있다면 그곳이 학교가 아니어도 상관없다고 생각합니다. 그래도 저는 모든 어린이들이 학교라는 울타리 안에서 충실하고 알뜰하게 경험해보면 좋겠습니다. 누군가는 그거야 당연한 얘기 아니냐고 하겠지만, 장애를 가진 어린이 중에는 학교보다 병원이나 치료실에 머무는 시간이 더 긴 어린이들이 많습니다. 학교에 머무르고 있지만 또래들은 당연히 참여하는 여러 활동에서 이런저런 이유로 배제되는 일도 여전히 많습니다.

제가 자신 있게 '학교에 오세요!' 하고 말하는 건 제가 근무하는 학교의 시설이 좋아서, 제가 유능한 교사라서가 아닙니다. 학교야말로 어린이와 청소년들이 안전하고 즐겁게, 친절한 어른들의 도움을 아낌없이 받으며 꿈을 꿀 수 있는 곳이라고 생각하기 때문입니다. 대부분의 사람들은 누구라도 학교에서는 조금 더 좋은 말을 쓰려고, 조금 더 바르게 행동하려고, 뭐가 되었든 조금이라도 더 노력해보려고 애를 쓰는 것 같습니다. 학생들은 교사에게 잘 보이기 위해 애를 쓰고, 교사들도 학생들과 잘 지내기 위해 애를 씁니다. 가끔 보호자들이 "선생님 말은 잘 듣는데 집에서는 얼마나 떼를 쓰는지 몰라요."라며 호소하기도 합니다. 반대로 우리 집 식구들에게 저에 대해 묻는다면 "학교에서는 어떤 선생인지 몰라도 집에서는 얼마나 고약하고 게으르다고요!" 하며 호소할 게 분명합니다.

한편으로 학교라는 안전한 울타리를 벗어나는 순간 만나게 될 살벌하고 무시무시한 사회가 두렵기도 합니다. 세상은 학교처럼 친절하지 않을 거라고, 장애 학생을 둘러싼 지원의 양과 질도 그나마 학교 다닐 때가 가장 좋다는 얘기를 듣곤 합니다. 하지만 저는 인정사정없는 미래사회에 대비하자는 말보다는 우리 모두가 학창 시절의 다정함과 겸손, 호기심과 열정을 잊지 않도록 노력하자고 말하고 싶습니다.

학교를 졸업하면 어떻게 지내나요? 라는 질문을 자주 듣습니다. 직업을 가질 수 있을까, 혼자 살 수 있을까를 생각하면 쉽게 답할 수 없습니다. 실제로 우리 학교 졸업생 중 많은 수가 가족들의 도움을 받으며 집에서 지내고 있기 때문입니다. 그래도 차마 제 입으로 "학교를 졸업하면 집으로 갑니다"라고 말하기는 싫었습니다. 그러니 지역사회의 유력 인사들이 이런 질문을 해오면 대답 대신 장애인을 위한 일자리나 평생교육시설, 주간보호센터가 더 많이 만들어져야 한다고 읍소하기도 합니다.

그러다 얼마 전부터는 이렇게 대답하기로 했습니다.

"지역사회에서 함께 잘 살아갈 겁니다. 일자리 창출도 할 거고요, 훌륭한 동료상담가가 될 수도 있습니다. 그러니 더 많이 관심을 갖고 정부와 지역사회에 함께 요구해주세요."

그렇게 함께 잘 살아가기 위해 오늘도 학생들은 대기시간을 예측하기 어려운 장애인 콜택시를 타고, 약 기운에 쏟아지는 잠을 이기며, 교통 체증으로 꽉 막힌 먼 길을 달려 학교에 옵니다. 우리에게도 꿈이 있기 때문입니다. 이제는 우리 사회가 답할 차례입니다. 학교에 오는 길이 즐거웠던 어린이들이 저마다의 모습으로 성장해서 다시 설레는 마음으로 학교 밖으로 나갈 수 있도록 준비해야 합니다.

그림책 읽는 나는,
특수학교 교사입니다

지은이 공진하
펴낸이 곽미순   책임편집 윤소라   디자인 이순영
펴낸곳 ㈜도서출판 한울림
편집 윤소라 이은파 박미화   디자인 김민서 이순영
마케팅 공태훈 윤도경   경영지원 김영석
출판 등록 2008년 2월 13일 (제2021-000316호)
주소 서울특별시 마포구 희우정로16길 21
대표전화 02-2635-1400   팩스 02-2635-1415
블로그 blog.naver.com/hanulimkids
인스타그램 www.instagram.com/hanulimkids

첫판 1쇄 펴낸날 2024년 4월 20일
    2쇄 펴낸날 2024년 7월 11일
ISBN 979-11-91973-15-0   03330